SI TÚ QUIERES PREDICAR

DON DEWELT

SI TÚ QUIERES PREDICAR

DON DEWELT

• Literatura Alcanzando a Todo el Mundo •
P.O. Box 645 • Joplin, MO 64802-0645 • E.U.A.

Publicado originalmente bajo el título:
If You Want to Preach
Derechos reservados 1957 College Press Publishing Company,
Joplin, Missouri, USA
Primera impresión en español 1989

Si tú quieres predicar

por Don DeWelt

Derechos reservados © 2014
Literatura Alcanzando a Todo el Mundo (LATM)
P.O. Box 645
Joplin, MO 64802-0645 E.U.A.
www.latm.info

Todos los derechos están reservados. Ninguna parte de este libro puede ser reproducida ni transmitida por medios electrónicos, mecánicos, fotocopiadores, de grabación o cualquier otro, sin permiso del dueño de los derechos. Sólo se permite citar breves trozos del libro en publicaciones especializadas y dando el debido crédito con notas al pie de la página, y en la bibliografía.

Traducción: Víctor Sepúlveda Fernandois
Formateo: Cindy Shead
Diseño de la tapa: Brett Lyerla
ISBN: 978-1-930992-62-7

Salvo donde se indique lo contrario, todos los pasajes bíblicos en esta publicación son de la Biblia Reina-Valera Revisada © 1960 Sociedades Bíblicas en América Latina. Usado con permiso.

En gratitud y reconocimiento a los estudiantes de homilética, quienes tienen una parte de mí, y yo una parte de ellos.

Contenido

Prefacio

Si quiere predicar la Palabra, entonces este libro es para usted.

Tenemos dos propósitos básicos al colocar este libro en sus manos: primero, ayudarle en la preparación de su corazón para la predicación; segundo, guiarle en la preparación de su mente para predicar.

En primer lugar, para ser un ministro del evangelio, debe desear que lo honesto y santo sea parte de usted. Con este deseo en su ser, deberá establecer la preparación de su vida cristiana para que Cristo more en usted. Sólo cuando esto se haga realidad en usted, podrá testificar a otros de él.

Por verdadero que sea este planteamiento, estoy seguro que todos conocemos a cristianos sinceros y que tienen un deseo real de ser predicadores del evangelio; sin embargo, son incapaces de hacerse entender, y, en consecuencia, se ven impedidos de ser usados por Dios.

Estamos seguros de que lo más importante es ser capaces de predicar mensajes bien elaborados y congruentes. Estos, entonces, son los dos propósitos de este libro:

(1) Capacitar al futuro predicador.

(2) Ayudar al predicador capacitado a preparar el sermón.

Este libro pretende conseguir que usted participe personal- mente en la sugerencia de actividades. Notará que en cada capítulo hay cosas que tiene que hacer, unas en la casa, otras en el aula.

En las páginas de esta obra hay sugerencias nuevas para un tema antiguo. Debido a que éstas son nuevas, han sido analizadas constantemente en la clase y en el púlpito por más de una década.

Creemos sinceramente que este libro le ayudará en la vida cristiana y, desde luego, ayudará a aquellos que deseen ser eficaces predicadores de la Palabra de Dios.

Don DeWelt

Introducción

Este libro intenta ser práctico de principio a fin. Por esta razón se le presenta en forma de un libro de trabajo a la manera de texto. El material se preparó intencionalmente para ser usado en forma personal; esto significa que deberá ser usado con espíritu de oración. Lo común de nuestra clase es ocupar los primeros quince o veinte minutos en oración, para así preparar espiritualmente nuestro corazón en cada sesión.

Se presentan los primeros capítulos con sus títulos. (Cada título intenta ocupar un día de trabajo para los alumnos.) Que nuestro Padre bendiga nuestro esfuerzo para así lograr este objetivo tan grandioso.

Capítulo 1

El ministro de la Palabra como hombre de Dios

Conmuéveme

¡Conmuéveme, Oh Señor, conmuéveme! El cómo, no me importa,
Pero conmueve mi corazón en amor por el mundo;
Conmuéveme a dar, a ir, pero más a orar;
Conmuévelo hasta que el ensangrentado estandarte sea desplegado.
¡Oh, tierras que aún estáis en oscura y pagana falsedad!
¡Oh, desiertos donde en ti la cruz en alto no se ha alzado!

¡Conmuéveme, Oh, Señor, conmuéveme! Hasta que mi corazón todo
Sea llenado de gran compasión por las almas;
Haz que tu compulsión me impulse más a la oración.
Que tu fuego de amor derrita los gélidos polos,
Al Norte distante y al austral Sur, abrasándolos en pasión profunda;
Y que el Este y el Oeste sean cautivados en gran fuego de amor.

¡Conmuéveme, Oh, Señor, conmuéveme! Así como tu corazón
fue conmovido por intenso fuego de amor, cuando nos diste
A tu Hijo Único, el más amado tuyo,
Muerto en la horrenda cruz, para que yo viviera;
Conmuéveme para darme de manera a ti
Que así tú, puedas darte a ti mismo por medio de mí.

— *Bessie Porter Head*

Capítulo 1

El ministro de la Palabra como hombre de Dios

Tarea uno

Prepare una disertación de cinco minutos con algunos de los siguientes objetivos:

1. ¿Por qué acepté a Cristo como mi Salvador personal?
2. ¿Por qué entré al ministerio?
3. ¿Por qué odio el pecado?
4. ¿Por qué amo la justicia?
5. ¿Por qué quiero ir al cielo?

Sugerencias:

a. Dese oportunidad a *todos* los miembros de la clase para que hablen acerca de estos temas.

b. *Continúe* con una discusión general y servicio de oración en cada clase.

c. Dé razones *precisas* en el desarrollo de los temas.

Ejemplo: ¿Por qué acepte a Cristo?

Yo acepté a Cristo como mi Salvador personal porque:

1. *Necesitaba* un Salvador.
2. Quería un propósito para mi vida.
3. Vi en él la única fuente de verdad.

d. Si usted no puede hacerlo personalmente, su disertación (o exposición), no será aceptable. Haga de su aceptación de Cristo, de la discusión de su ministerio, del pecado, de la justicia, del cielo, una situación del *más hondo significado personal.*

e. Olvídese de la apariencia de su exposición, de la calidad del lenguaje (o escasez de éste), o de las habilidades propias de un locutor; sólo queremos edificarnos unos a otros y permitir que el profesor observe las capacidades innatas de cada estudiante.

f. Incluya de paso en esta disertación su testimonio personal.

Tarea dos

Tome este "examen de conciencia" como una ayuda espiritual para usted.

Sugerencias:

a. Esto deberá hacerse en casa, precedida por la oración.

b. Se puede hacer una discusión en clase de las preguntas, basada en las respuestas dadas.

c. El profesor puede seleccionar las preguntas que crea de más ayuda para el análisis.

Responda estas preguntas con "*Sí*" o "*No*" y calcule el porcentaje del "*Sí*" o "*No*" (100%, 90%, 80% . . . 50%, 10%, etc.).

1. ¿Siento honestamente la grandeza de esta misión?
   Sí ____ No ____ Porcentaje ____
2. Si yo recibiera en la correspondencia de mañana un ofrecimiento de trabajo por U.S. $500,00 por día, ¿dejaría para después mi preparación para el ministerio y recibir ese dinero?
   Sí ____ No ____ Porcentaje ____
3. ¿Me siento realmente preocupado por la pérdida de un alma?
   Sí ____ No ____ Porcentaje ____
4. ¿Creo realmente en el valor de un alma como lo establece Cristo en Mateo 16:26?
   Sí ____ No ____ Porcentaje ____
5. ¿Estoy dispuesto a perder mi posición social (económica) para que un alma se salve? Por ejemplo, ¿Estaría dispuesto a vender algo de valor y comprar alimentos para proseguir en el instituto?
   Sí ____ No ____ Porcentaje ____
6. Ahora, honestamente, ¿puedo decir con Pablo: "¿Desearía que yo mismo fuera anatema, separado de Cristo por amor a mis hermanos?" Espere un momento antes de responder, no mienta; deje que su conciencia testifique en presencia del Espíritu Santo.
   Sí ____ No ____ Porcentaje ____
7. ¿Estoy consciente que el ojo de Dios lo ve todo? ¿Reconozco que nuestro Dios de amor me mira aun mientras leo estas palabras? ¿Expresa el siguiente verso una realidad en mi vida?

   Por todo el camino del alma
   A su habitación final
   Un ojo le vigila.
   Si toma un paso u otro
   Se verá este ojo seguro
   Un ojo le vigila.
8. ¿Hay dentro de mí un tierno afecto para las almas perdidas? ¿Constriñe mi alma el amor de Cristo?
   Sí ____ No ____ Porcentaje ____

9. ¿Me mueve la compasión por las almas? ¿Me constriñe el amor de Cristo?
   Sí ____ No ____ Porcentaje ____
10. ¿Mi interés por el precioso e inmortal espíritu de los hombres es más que nada profesional?
   Sí ____ No ____ Porcentaje ____ (Sea sincero, no eluda la respuesta)
11. Con pleno conocimiento del significado y aplicación de Santiago 3:1 (léalo) ¿Estoy dispuesto a entrar al ministerio?
   Sí ____ No ____ Porcentaje ____
12. Si me responsabilizara por mil almas durante mi vida como predicador, tanto de su alimento espiritual, como de su destino eterno, ¿estaría dispuesto a poner mis manos y corazón en esta tarea?
   Sí ____ No ____ Porcentaje ____
13. ¿Cuál es mi actitud presente con respecto a mi saber? ¿Soy tan complaciente que acepto todo lo que se enseña sin hacer una investigación personal de la Palabra de Dios para ver si estas cosas son así? (Hechos 17:11)
   Sí ____ No ____ Porcentaje ____
14. Sabiendo que todos los hombres son falibles, ¿actuaría como si creyera que algunos son infalibles? En otras palabras, ¿soy, intelectualmente hablando, demasiado perezoso para estudiar por mí mismo?
   Sí ____ No ____ Porcentaje ____
15. ¿Quiénes son los ciegos que van tras los ciegos en religión?
   Su respuesta: ____
16. ¿Puedo concordar y no ser arrogante; disentir y no resultar desagradable?
   Sí ____ No ____ Porcentaje ____ Lea 1 Corintios 13:4-7.
17. A medida que ocupo tiempo estudiando la Biblia, ¿estoy creciendo en semejanza del Salvador? (de acuerdo con esto, hágase usted mismo la pregunta: ¿para quiénes estoy estudiando la Palabra de Dios? ¿Es primero para otros, o para mí mismo? (Lea Romanos 2:1-3 y haga aplicación personal.)
   Sí ____ No ____ Porcentaje ____
18. ¿Tratare conscientemente de agradar a Dios en mi preparación y entrega de los mensajes? Recuerde, el mensaje no se prepara para agradar a este o a aquel hermano, sino a Dios, nuestro Padre Celestial.
   Sí ____ No ____ Porcentaje ____
   ¿Puede el mensaje ser hecho sin un esfuerzo a conciencia? Si es sí, ¿cómo?
   ____
19. ¿Puedo decir honestamente que tengo un mensaje divino para entregar?

Sí ____ No ____ Porcentaje ____

20. El hecho que tengamos que redactar el mensaje con nuestras propias palabras, ¿impide pensar que tenemos un mensaje divino?
Sí ____ No ____ ¿Por qué? ________________________________
____

21. ¿Creo realmente en toda la Biblia, o sólo las partes que puedo comprender racionalmente? ¿Cuáles? ____________________
____

22. ¿Qué significa el dicho de Pablo: la Palabra es "espada del Espíritu"? (Efesios 6:17)
Respuesta: ____

23. ¿Hay presente en mi predicación algún poder aparte de la verdad?
Sí ____ No ____ Si es sí, ¿cuál es este ____________________
____

24. ¿Qué significaría para mí que un alma se salvara a través de mi ministerio? ¿Cuál sería el primer pensamiento de mi corazón? Marque con toda honestidad una posibilidad:
____ a. La aclamación y felicitaciones de los hombres.
____ b. Sentimiento de mérito personal.
____ c. Que se anote el hecho en el registro de crónicas de la hermandad.
____ d. *Gozo en el cielo* de parte de Dios y de los ángeles.

Debe ser honesto consigo. No permita que la hipocresía se refleje en sus respuestas. Deje que el Espíritu de Dios se eleve con gozo a los planos más altos.

Tarea tres

Lea el siguiente comentario acerca del objetivo.

Sugerencia:

a. Hágalo en casa.

b. Relacione su vida personal con el objetivo, examinándolo con su conciencia.

c. Después léalo cuidadosamente y responda de memoria a las preguntas que siguen.

d. El profesor deberá discutir en clase algunas de las respuestas o preguntas que juzgue más importantes.

Las Escrituras nos dicen que David, el joven pastor, fue capaz de enfrentarse al gigante de los hostiles filisteos; que Moisés se paró frente al poderoso reino de Egipto con una valentía tal, que significó la victoria sobre ellos; que Elías desafió, por sí solo, a los sacerdotes de Baal en la contienda del monte Carmelo. Amigo predicador, hubo una característica que hizo posible que estos hechos de coraje se realizaran; la misma característica que Pablo comentó cuando se refirió a Timoteo: "Mas tú, oh hombre de Dios

. . ." (1 Timoteo 6:11). David fue el ejecutor de Goliat; Moisés, el poderoso libertador de los hijos de Dios; Elías, el vencedor de la contienda del monte Carmelo. *Todo esto sucedió porque ellos se dieron cuenta de que eran hombres de Dios.* Ellos comprendieron que Dios les había llamado para una tarea; que él puede dar la fortaleza y sabiduría para vencer cada uno de los obstáculos.

Ellos, en un sentido muy real, sabían que Dios les dirigía; y sabían, además, que eran sus instrumentos.

Esta misma convicción debe ser hoy la porción de cada predicador del evangelio. Cada ministro deberá pararse delante de la congregación, lleno de la investidura que se le ha dado por medio del Espíritu Santo . . . "*Tú, oh hombre de Dios . . .*" Nosotros somos hombres de Dios en un sentido muy real. La tarea que acometemos no es nuestra, es de él. Los resultados de nuestro ministerio, no son nuestros, son de él.

Entonces, ¿que deberíamos saber y realizar como hombres de Dios, en cuanto a nuestra tarea de predicar la Palabra?

1. Deberíamos darnos cuenta y conocer la *grandeza e importancia que implica esta tarea.*

La posición más grande en toda la Tierra es la de predicar el mensaje de Dios.

Usted, como ministro de la Palabra, ocupa una posición mucho más importante que la que tiene el presidente de la república. En las manos del presidente recae la responsabilidad de decidir sobre asuntos grandes e importantes. Él toma decisiones que afectan a la nación y al mundo; sin embargo, en las manos de usted recae una responsabilidad mucho más grande e importante, que es el destino eterno de las almas. A usted se le ha dado la tarea de proveer a la humanidad de esperanza, felicidad y vida eterna. Por lo tanto, tome en cuenta todo esto, y por consiguiente prepárese para predicar.

La obligación más importante del universo está en sus manos.

Las palabras de Pablo al joven predicador de antaño, todavía viven con poderosa vigencia: "*Te encarezco delante de Dios*" es decir, delante de los ojos de Dios (1 Timoteo 5:21). Como ministros de la Palabra, tenemos todo el tiempo la mirada de Dios sobre nosotros. Significa que la supervisión del Todopoderoso está al día. Por lo tanto, estamos bajo la divina obligación de ser fieles a él. A esto se refiere, entonces, la obligación de "delante de Dios" aquí comentada.

La obligación para los que están lejos (afuera). Es la deuda de la cual habló Pablo en Romanos 1:14: "A griegos y a no griegos, a sabios y a no sabios soy deudor". Porque el sintió en forma muy personal esta responsabilidad, pudo decir así: "En cuanto a mí, pronto estoy a anunciaros el evangelio también a vosotros que estáis en Roma". Dios permita que cada uno de nosotros escuche el llamado de los perdidos y sintamos que ese llamado está dirigido a nosotros. Que estemos dispuestos a dar la respuesta que Dios dio en su Palabra. Escuche el planteamiento de Juan, cuando el habla de nuestra responsabilidad en el mundo: "pues como él es, así somos nosotros en este mundo" (1 Juan 4:17). ¿Para qué vino Jesús al mundo? Su respuesta es: "Porque el Hijo del Hombre vino a buscar y a salvar lo que se había perdido" (Lucas 19:10). No solo fue ordenado por Dios para su misión terrenal, sino que él escuchó el llamado de los de afuera, los perdidos. Que nuestro Padre Celestial nos dé esa misma pasión por las almas.

La obligación de los que están adentro. Este es el sentimiento de deuda u obligación a Dios y a los perdidos. Esta es la obra del Espíritu de Dios de "convencer a los hombres de su pecado" mediante la Palabra. Esto lo hará Dios si usted permite que le hable por medio de su Palabra. El hombre de Dios no puede leer un capítulo de la Biblia sin darse cuenta del clamor de Dios en favor de los perdidos; sino que, además, verá que a través de la instrumentalidad de los hombres podrá este ruego, amor y misericordia de Dios ser conocido; y *el ministro es el instrumento de Dios* para este propósito.

La más grande condenación en el infierno aguarda a los que abusan de la verdad sagrada. Lea Santiago 3:1 y Lucas 12:47. Si existe medida de castigo en el infierno, entonces el más doloroso debe ser reservado para los ministros que, por su negligencia, codicia o ignorancia pervierten su ministerio. Amigo predicador, hay *muchas maneras* de malograr esta verdad sagrada. He aquí algunas de ellas:

Haciendo mal uso de nuestro tiempo: Esto es, usar el tiempo que tenemos como hombres de Dios en otras cosas que nada tienen que ver con la gran tarea de predicar la Palabra. Creo que podemos asegurarnos al decir que el tiempo empleado por un ministro de Dios, debería ser utilizado con el fin de prepararse para predicar la Palabra de Vida. ¿Cuánto tiempo malgasta usted cada día? Entendamos que tal práctica es pecado.

Confundiendo nuestro objetivo. ¿Cuál es el objetivo del verdadero ministro de Jesucristo? Sólo uno debe ser este objetivo – el objetivo de Cristo mismo – de "glorificar al Padre que está en el Cielo". No obstante, cuántos de nosotros hemos visto a predicadores subir a la plataforma para glorificarse a sí mismos, a su enseñanza, a la congregación a la cual predican, a su familia y a veces a su propia "humildad". Dios nos libre de tales objetivos. Veamos lo que la palabra de Cristo enseña de ellos: "Si alguno quiere venir en pos de mí, niéguese a sí mismo . . ." (Mateo 16:24).

Pervirtiendo el mensaje. Estudie cuidadosamente Mateo 23:13-28. Permita que el contenido de esta escritura penetre a lo más profundo de su corazón. Tome nota de que Jesús está hablando de hombres como usted y yo – hombres que fueron maestros del pueblo de Dios, hombres que habían estudiado la Palabra, personas que eran reconocidas como líderes espirituales – Jesús dijo de ellos que eran: "hijos del infierno" (v. 15b), "guías de ciegos" (v. 16),"insensatos" (v. 17), "ciegos" (v. 19), "hipócritas" (v. 23) y "llenos de hipocresía e iniquidad" (v. 28).

¿Es posible que el ministro se convierta en un "hijo del infierno" y por su enseñanza haga más "hijos del infierno"? ¿Puede él ser "ciego", "guía de ciegos", un "insensato" y un "hipócrita"? Veamos, si el pervierte el mensaje de Dios con una vida inconstante, si el agrega al mensaje divino las tradiciones humanas, haciéndolas aparecer como la Palabra de Dios, entonces es muy probable que esto suceda. Tome nota del caso citado por Jesús en cuanto al jurar y tomar juramento. Dios entregó leyes específicas concernientes a la toma de juramento. Vea Levítico 19:22; Números 32. Los fariseos aceptaron esta ley, *sin embargo,* pensaron que era necesario "*ayudar* a Dios" de manera que los agregados de sus tradiciones, interpretaciones y enseñanzas tuvieron igual valor que la ley misma (Mateo 15:7-9). Por esta razón, Jesús los condenó. No olvidar que los fariseos fueron acusados por dos cargos: primero, tener una vida inconsistente (sin frutos): segundo, poner agregados a la ley de Dios. Al incluir estas tradiciones a la ley, ellos también sustraían a ésta la verdad, lo que era aprovechado para sus propósitos humanos. Pensemos que si enseñamos "nuestras tradiciones" como si fuera la ley de Dios, la descripción de maestros que tendríamos sería semejante a la de éstos, es decir: "vivos, pero en mortaja de muertos".

2. *Deberíamos conocer y darnos cuenta de las implicaciones de esta labor.*

La posibilidad de agradar a Dios: Cuando un esposo ama

verdaderamente a su esposa, hace todo lo posible para agradarla. Está ansioso de ver la expresión de grata sorpresa y alegría de sus ojos. Todo lo que pide el esposo es escuchar palabra de afecto y apoyo, para ir a los más apartados lugares y así complacerla. Esa es la forma como actúa la fuerza del amor. Así es justamente cuando nosotros verdaderamente amamos a Dios. Nuestro máximo gozo es agradarle. Sucede así cuando nos damos cuenta y valoramos lo que él ha hecho por nosotros en "el Amado". ¿Podremos (frente a todo su corazón), predicar de una manera tal que agrade a nuestro Padre Celestial? ¿Examinaremos nuestro corazón ante este planteamiento?

Lo que significa disponer de la vida y destino de hombres y mujeres. Como es el hombre "en su pensamiento, tal es el".

(Proverbios 23:7) Ahora veamos esto: lo que el hombre piense acerca de Dios, de Cristo, de la Salvación, la felicidad, de la esperanza y del cielo, será determinado por lo que usted ha entregado en su predicación. "¡Ah!" dirá usted, "él tiene su Biblia; que la lea y estudie, así como es capaz de escucharla". Debería preocuparnos el hecho de que la mayoría de la gente tome *nuestra* enseñanza como la palabra autorizada, dado que rara vez leen la Biblia. Debemos hablar siempre lo que ellos buscan en las Escrituras. Desean oír en nuestras predicaciones lo que Dios ha dicho. Es nuestra gran responsabilidad que el corazón de la gente se llene con la vibrante esperanza divina o con una teología insípida.

Hitler, tras su escritorio, con su mano levantada en alto y unas pocas palabras, determinó el destino de miles de angustiados prisioneros de guerra. Aquellas personas estaban detenidas entre las alambradas de púas y las murallas de la prisión. La alternativa de ellos era ser condenados o liberados; todo dependía de la decisión que tomara el Fuehrer. ¿Habría dejado usted libre a estos prisioneros?

¿Sí? Entonces sepa esto: dispóngase en todo momento a predicar a los que están cautivos en la prisión del pecado. El eterno destino de ellos está determinado por lo que usted predique y cómo cumpla este objetivo. ¿Responsabilidad? ¿Posibilidades? Piénselo.

La posibilidad de formarse usted mismo a la semejanza de nuestro Salvador. J. H. Jowett tuvo consideraciones muy significativas que se plantean en su libro, *The Preacher and His Preaching*, página 46:

> Un hombre puede vivir en la montaña y perder toda sensibilidad a la altura. Esto es sintomático cuando la montaña llega a tener las características de los valles. Así es con el predicador. Él puede vivir entre altas montañas coronadas de nubes de gracia y redención divina, y, sin embargo, perder toda sensibilidad a las alturas celestiales.

No obstante, no es necesario que así sean las cosas; pueden ser distintas. Podemos encontrar la gran cima de la sabiduría de Dios y de su amor. No sólo podemos indicar a otros el camino, sino que podemos guiarles por el camino. Podemos tener la gloriosa experiencia de crecer en la gracia y el conocimiento de nuestro Señor y Salvador. Sin embargo, esta bendición sólo puede ser nuestra si alentamos una tierna sensibilidad en nuestro corazón hacia la Palabra de Dios y hacia nuestra tarea en el mundo.

Esto, entonces, es nuestra posibilidad, nuestra meta. Quiera Dios darnos un tierno corazón para usarlo positivamente y no para dar lugar a la negligencia.

3. *Deberíamos conocer y tener en cuenta la naturaleza divina de esta tarea.*

Tenemos un mensaje divino. El hecho de más importancia que debemos tener en cuenta, es que el mensaje es divino. ¿Se da cuenta de que, al predicar el evangelio, lo que usted entrega es un edicto para la eternidad? ¿Es del cielo su mensaje? Si lo es, actuemos con reverencia e incesante oración antes de abrir nuestra divina carga, la cual nos hace predicadores especiales. Por lo tanto, debemos mantenernos alejados de lo indigno.

Tenemos un poder divino. Muchas reinas han pasado durante la historia de las cuales se dijo: "Ella es el poder tras el trono del rey".

¿De quién es el poder del que está tras el pulpito? ¿Es del hombre que usted ve parado allí? Yo digo que no. Hay otro poder y mejor en el hombre de Dios. El poder que cuenta para Dios, no es la fuerza del individuo, es el poder del eterno Espíritu de Dios. El verdadero hombre de Dios sabe como ningún otro de su propia debilidad, y de la necesaria dependencia del poder que proviene de Dios. Es así como podemos "por el Espíritu hacer morir las obras de la carne (Romanos 8:13). Esto sucede sólo cuando nos proponemos predicar pensando en ser "fortalecidos con poder en el hombre interior por su Espíritu" (Efesios 3:16).

Tenemos un galardón divino. Piense en esto por un momento. Suyo es el gran privilegio de abrir el entendimiento, mediante las nuevas de salvación, a preciosas almas; asimismo el asegurarse de lo que esas almas necesitan; interpretar la ansiedad de sus rostros, ocuparse de sus inquietudes . . . luego vendrá el gozo, el día de su contentamiento al ver que ellos se levantan para ir a los pies de Jesús, estrecharlos en sus brazos, darles un apretón de manos y sentir los acelerados latidos del corazón por momentos tan maravillosos. Piense por un instante en las interrogantes que fluirán de SUS labios. La profundidad e importancia de estas: "¿Cree usted que Jesús es el Cristo, el Hijo del Dios viviente?" Entonces afírmese en la seriedad de quien ha respondido a la Palabra. ¡Oh! no cabe duda que reviste gran seriedad la respuesta de este. Después debe guiar al pecador al agua. Mirar el rostro del objeto de amor de Jesús. Observar cuando el agua cubre al hombre viejo, para luego levantarse de ella y salir como un hombre nuevo, una nueva criatura, una nueva vida, a un nuevo hijo de Dios en Cristo Jesús. Esto, hermanos, es uno de los galardones divinos de la predicación; como alguien ha dicho: "todo esto y también el cielo". ¿Qué felicidad! Quiera nuestro Dios despertarnos a una nueva visión de nuestra tarea y con esta en mente, podamos ir adelante hasta la victoria.

Preguntas para autoevaluación:

(Responda las preguntas de memoria. Escriba sus respuestas amplias en hoja aparte. Haga esto pensando en obtener ayuda espiritual y no una calificación.

1. ¿Cuál fue la maravillosa recompensa recibida por David, Moisés y Elías? ¿Cómo se relaciona esta recompensa en los predicadores de hoy?
2. ¿Cuál es la diferencia entre "conocimiento y práctica?"
3. ¿Qué significa para usted ser "hombre de Dios"?
4. ¿Qué es lo primero que debemos tener en claro y poner en práctica en cuanto a la tarea de la predicación de la Palabra?
5. Explique en sus propias palabras, por qué entiende usted que la posición del ministerio de la Palabra es más importante que la presidencia de cualquier país. Si usted no lo cree, *dé las razones.*
6. ¿Qué significa para usted como ministro: "proveer al hombre esperanza, felicidad y vida eterna"? Tal vez se ha dado cuenta de que no ha provisto al hombre de estas bendiciones. Si así es, ¿por qué no lo ha hecho?
7. ¿Estamos, como ministros de Dios, sometidos realmente a él?
8. Explique en sus propias palabras su responsabilidad para con los que están afuera (es decir, el mundo).
9. ¿Qué influencia hay en nosotros, según Juan 4:17?
10. Explique en sus propias palabras *su* responsabilidad para los que están dentro del ambiente cristiano.
11. Explique en detalle Lucas 12:47.
12. ¿Qué significa "pervertir su ministerio"?
13. ¿De qué manera podemos pervertir nuestro tiempo?
14. Mencione tres maneras por las cuales nuestro objetivo puede ser pervertido y malogrado.
15. Explique cómo Mateo 23:13-28 expone la perversión del mensaje.
16. Explique las tres posibilidades que ofrece la predicación.
17. ¿Cómo podría usted agradar a Dios con su predicación?
18. ¿Cómo el despreocuparse de la Biblia pone una carga más pesada sobre el hombre de Dios?
19. ¿Qué predicador es más pecador que el "fuehrer"? (¿Cree esto por la experiencia o por su intelectualidad?)
20. ¿Qué significan para usted las palabras de Jowett?

21. ¿Cuál es el requisito esencial para el crecimiento en gracia y asemejarse a nuestro Salvador?
22. ¿Cómo podemos decir que nuestro mensaje es divino?
23. ¿Podemos decir verdaderamente que tenemos un mensaje divino cuando lo preparamos y entregamos en nuestras propias palabras?
24. Explique la función del poder divino en la predicación.
25. Diga en sus propias palabras lo que significa para usted la salvación de un alma, producto de su predicación.

Tarea cuatro

Otras consideraciones de nuestro tema visto como el fin hacia el cual el hombre de Dios debería enfocar su predicación. Responda *"Sí"* o *"No"*, luego considere el porcentaje de sus respuestas:

Sugerencias:

a. Cada estudiante podrá hacer esto en casa; después, el profesor podría ocuparse de las respuestas en la clase.
b. Cada estudiante deberá responder cada una de las preguntas; después, el profesor puede seleccionar las que considere más significativas para el dialogo.

1. ¿Mi preparación para predicar será tal que conoceré más y más de la voluntad de Dios?

   Sí ___ No ___ Porcentaje ___

   Recuerde que, en su preparación de predicador, puede llegar a ser un "actor consumado" más queun estudioso de la Biblia.
2. ¿Buscaré siempre en mi preparación, no sólo conocer las Escrituras, sino también mi propio corazón?
3. Conociendo la inestabilidad y falsedad de mi corazón (Jeremías 17:9), ¿estará mi corazón de acuerdo con lo que predico, antes de predicarlo? Recuerde que hay una gran diferencia entre predicar por experiencia — nuestra propia vida — y predicar por el intelecto.
4. "Nunca recurriré a la congregación. Creo que eso es tarea de los ancianos". Así me dijo cierto predicador. ¿Tomará en cuenta tal afirmación? Si nunca ha hablado a su gente en la sala de su casa, ¿cómo podría hablar en el culto familiar?
5. ¿Cree que podría aprender a predicar de una manera lógica, sin tener presente en su estudio el pensamiento ordenado?
6. ¿Es la lógica elemento esencial para una predicación efectiva?
7. Si el entendimiento y el uso de los principios del pensamiento ordenado requieren de mucho tiempo y esfuerzo de su parte, ¿está usted dispuesto a pagar el precio?

8. Si hemos hablado tan claramente por medio de las Escrituras y aun nadie se inquieta por obedecer, ¿hemos logrado algo? ¿Qué hemos logrado? ¡O mi alma, ¿qué meta tienes en tu declaración?
9. Allí hay hombre lejos de Cristo que está oculto en el "refugio del engaño", ¿se preocupara usted lo suficiente como para interesarse por él, ir e introducirlo de lleno a la gloria del evangelio?
10. Al lado del pecador que está lejos de Cristo, hay uno que ha sido cristiano por varios años — sin embargo, él necesita del pan espiritual — y lo necesita con desesperación, ¿le despediría usted con todo y su hambre?
11. ¿Procuraría usted que hombres y mujeres se motivaran hacia el "amor y las buenas obras"?
12. En la última banca de la iglesia está sentado el apóstata — él ha apostatado en su corazón — las espinas del mundo han ahogado en su corazón la Palabra, ¿puede quitar esas espinas sin dañarle el corazón y restaurarle?

Querido hermano, sepa usted que la predicación involucra más que preparar un discurso sobre las Escrituras y entregarlo en forma lógica.

Tarea cinco

a. Lea la siguiente exposición.
b. Haga esto pensando en su situación personal referida al tema.
c. Después de leer la exposición, responda de memoria las preguntas que siguen.

Algunos elementos que el hombre de Dios debería incluir en su predicación.

1. *Deberá predicar con conocimiento.*

El deberá predicar con conocimiento de las Escrituras. Tal vez esto parezca superfluo a algunos; sin embargo, ¡no lo es! Si cada ministro que en este momento está predicando en una congregación local fuera requerido resumir en cinco párrafos el contenido de los primeros cinco libros del Antiguo Testamento o en el mismo número de párrafos el perfil de la vida de Cristo, ¿qué resultado tendría? No hay nada más importante para el hombre de Dios que conocer completamente la Biblia a través de la homotética. Notará usted que digo *"conocimiento de la homilética"*. Una cosa es conocer el contenido de la Biblia (muy pocos lo conocen), y otra es comprenderla desde el punto de vista de la predicación. Hay un buen número de libros que no titubeo en recomendarle, como ayuda para este tipo de conocimiento; son: *The Biblical Illustrator*; *The Pulpit Commentary*, *The Expositor's Bible*, *Homiletical Thesaurus*; los cuales están disponibles en inglés.

Nuestro propósito debe ser predicar la Palabra de Dios; y no tan sólo predicar sobre la Biblia; por lo tanto, debemos *predicar la Palabra de él.* Alguien acertadamente dijo, concerniente a la ilustración del sermón, que la misma Palabra nos impulsa hacia las buenas obras.

Ubiquemos delante de nosotros el porqué de la preparación para predicar, lo que resultará en nosotros de esta preparación, la instrucción que en palabra y verdad daremos a las almas de los oráculos de Jehová.

Deberíamos predicar conociendo nuestras vidas. "Digo, pues, por la gracia que me es dada, a cada cual que está entre vosotros, que no tenga más alto concepto de sí que el que debe tener, sino que piense de sí con cordura, conforme a la medida de fe que Dios repartió a cada uno"(Romanos 12:3). Así escribió Pablo a los santos en Roma. ¡Cuán importante es que el principio de Pablo sea aplicado por los predicadores de hoy! A menudo somos tentados a pensar de nosotros mismos más altamente que lo que deberíamos pensar. Si tomemos el lugar de un pecador salvado por gracia, estaríamos mejor capacitados para predicar acerca de las necesidades de otros. ¿Por qué será que no podemos pensar continuamente con "cordura?" Debemos ser honestos con nosotros mismos, estar conscientes de nuestras incapacidades, debilidades y de nuestros pecados cometidos a diario, y esto no tan sólo en los días de la adversidad.

La predicación es un acto de adoración (Hechos 2:42). Y esto debería ser en el predicador un hecho de máxima reverencia. ¿Puede usted orar sin problema y no pensar en su condición personal? Tal como nuestras oraciones son hechas a Dios en presencia de él, de la misma manera nuestras predicaciones son hechas en su presencia. Esto debería ser algo que ya sabemos.

Deberíamos predicar conociendo la vida de aquellos a quienes tenemos que entregar el mensaje. ¿Será nuestra preocupación hacerlo? ¿Lo haremos sin estar preocupados de la aprobación del hombre? ¿Para qué predicamos a la gente? Lo hacemos porque deseamos que lleguen a ser cristianos y, si ya lo son, para que lleguen a ser mejores cristianos. Sin embargo, ¿qué pensaría usted si hay un doctor que tiene un solo remedio y un solo tratamiento para todos los enfermos? ¿Qué pensaría usted de un doctor que nunca diagnostica? ¿Qué piensa usted, entonces, de un predicador que predica a personas que él no conoce? Individuos entre los cuales ha vivido por meses y aun años, y a pesar de ello no está al tanto de los problemas de su vida. Esto, en verdad, es inaceptable. Quien actúa así no es un verdadero pastor. Él no se preocupa por las ovejas, sino que atiende egoístamente a sus intereses personales.

¿Cómo podremos hablar al corazón de los que escuchan si no los conocemos?

Charles Finney en su libro "*Rivals of Religion*" comenta con gran acierto este planteamiento:

> Un ministro debe conocer las inclinaciones religiosas de cada uno de los pecadores de su congregación. Si un ministro no conoce estas inclinaciones, sería imperdonable. Quien ha tenido oportunidad de hacerlo, no tiene excusa alguna para no conocer el pensamiento religioso de su congregación y la de aquellos que pudieran estar bajo su influencia. ¿De qué manera puede el predicador hacerlo? ¿Qué puede hacer para manejar situaciones nuevas, antiguas, emergentes y adaptarlas de la mejor manera en su acción pastoral en favor de la gente?"
>
> (páginas 190-191)

2. *Deberá predicar con inteligencia.* Dos mujeres estaban hablando de una tercera (lo que conocemos por chismes). Se trataba de una conversación que una de las mujeres había tenido con la tercera persona. Esta situación perfectamente podría aplicarse en un sermón. Ella decía: "Tú sabes bien cómo estábamos hablando de una cosa y esta dio lugar a otra". Una cosa trae consigo a la otra. Esta descripción es exacta para algunos sermones – ni tiene comienzo, ni desarrollo, ni conclusión. Pero este incoherente discurso nunca llevará a las almas a la salvación ni a la edificación de los cristianos, a menos que sepamos adónde vamos y cómo vamos a conseguirlo. ¿Cómo nos capacitaremos para guiar a otros? Un sermón efectivo tiene un comienzo definido, buen desarrollo y una eficaz conclusión.

3. *Deberá aspirar a predicar convincentemente.* A los ojos de Dios hay tres grandes grupos espirituales de individuos: los incrédulos, los santos y los apóstatas. Cada una de estas clases estará presente donde usted predica. ¿Cuál es su tarea? *Convencerles* de la necesidad que tienen y del remedio provisto por Cristo.

Tomará nota cuidadosamente de las siguientes palabras: Persuadir (Hechos 17:4); Rogar (2 Corintios 5:20); Compungirse (Hechos 2:37); Exhortar (Tito 1:9); Redargüir; Reprender (2 Timoteo 4:2).

Estas palabras describen la *manera* en que se predicó el evangelio en los días apostólicos. A menos que usted esté dispuesto a ser absorbido por el propósito de la predicación, de manera que con amor persuada, ruegue, exhorte, redarguya, reprenda y convenza con su predicación; si no es así, usted no tiene por delante la verdadera meta como predicador. Espero que lea esto después de un tiempo oportuno de oración, de tal manera que la verdad que encierran estas palabras penetre en su corazón.

Preguntas para autoevaluación.

(Responda a las preguntas de memoria. Escriba sus respuestas en una hoja aparte. Hágalo pensando en obtener ayuda espiritual y no una calificación).

1. ¿Cuáles son los tres grandes propósitos que el hombre de Dios debería incluir en su predicación?
2. ¿Qué importancia tiene el hecho de conocer las Escrituras y la relación de esto con la predicación?
3. ¿Podría usted dar un esbozo de los cinco primeros libros de la Biblia o de la vida de Cristo? ¿Se da cuenta honradamente que esto tiene directa relación con su habilidad para predicar con éxito?
4. ¿Piensa usted que las sugerencias concernientes a la elaboraci6n del sermón mencionadas atrás fueron prácticas? ¿Planea usarlas? Si es no, ¿por qué no lo haría?
5. Pensando en un caso práctico, ¿cómo deberá preparar su sermón un ministro, y cómo podrá ser un estudiante de la Biblia?
6. ¿Qué significado tiene para nosotros la "cordura"? Responda como si estuviera enseñando a otro lo que usted cree.
7. ¿Cuál fue el planteamiento de Finney acerca del conocimiento que se debe tener de aquellos a quienes se predica?
8. Si usted fuera el único doctor para 500 personas enfermas, ¿diagnosticaría cada uno de los casos antes de indicarles el tratamiento? ¿Qué sería la aplicación de esto a la predicación?
9. ¿Predicaría usted haciendo uso de la 1ógica sin obstruir la dirección del Espíritu Santo? Si es no, ¿por qué no? y si es sí, ¿cómo lo haría?
10. ¿Es importante que cada sermón sea convincente?

¿Faltaríamos si así no fuera? Si es sí, ¿en cuánto faltaríamos? Si es no, ¿por qué no?

Tarea seis

Examen para predicadores, para determinar la aptitud espiritual personal. (Responda las preguntas en casa y dialogue de ellas en clase).

1. ¿Cree usted que hay un método definido que puede ser aprendido y que permita usar las Escrituras en la preparación del sermón?
   Sí ____ No ____ Explique ________________________________
   ____
2. ¿Qué clase de obstáculos afectaría la preparación del sermón? Elija uno: a) Dificultad para tomar decisiones. b) Imprecisión al expresar ideas. c) Trabas para la presentación de las Escrituras.

3. ¿Se ha dado cuenta que predicar es un "privilegio"? Si lo entiende así, ¿de qué manera?
4. ¿Qué papel cumple el "amor" en la predicación?
5. ¿Cree usted en esta afirmación?: "El mundo todavía tiene que ver lo que Dios puede hacer con una vida que está totalmente entregada a él. ¿Está usted dispuesto a ser esa persona?
6. ¿Cuál es su definición para "prejuicio"?
7. ¿Piensa usted que es posible tener prejuicios contra Dios? Si es sí, ¿cómo? ¿los tiene usted?
8. ¿Es incorrecto tratar de imitar a otro predicador?
9. ¿Qué peligro conlleva la imitación?
10. ¿Tienen qué ver la herencia y el ambiente con el éxito o el fracaso de un predicador? Si es sí, ¿en qué grado?
11. ¿Hay alumnos estudiando para el ministerio que debe- rían ser informados que nunca tendrán éxito, y por consiguiente que busquen otro campo de servicio?
12. ¿Siente usted que es un "pecado" no orar, o una de las muchas situaciones que deberíamos mejorar?
13. ¿Tiene un hombre derecho a hablar de Jesús en público, si no lo hace en privado?
14. ¿Sabe usted cuál es el significado de las siguientes palabras: lascivia, disolución, impureza, en su contexto bíblico? ¿Será posible que un ministro participe de estos pecados y pueda permanecer impasible y sin ser descubierto por su congregación? ¿Contribuyen las revistas y películas, de estos tiempos modernos, a la multiplicación de estos pecados?
15. ¿Cuáles son las características de un ministro "vanidoso"? ¿Cuáles son las causas? ¿Cuál es el remedio?

Tarea siete

Lea el siguiente comentario. Responda de memoria estas preguntas.

El hombre de Dios deberá tener una vida libre para servir.

1. *Libre de las ataduras de la ignorancia.*

Cual cadena es la ignorancia, pero nunca tan grande cuando se refiere a las limitaciones del uso de las Escrituras en la elaboración del sermón. Hemos hablado de la falta de conocimiento de las Escrituras, la más grande de las dos deficiencias que hasta ahora hemos mencionado. Usted probablemente conoce a personas que están versadas en la Palabra de Dios; sin embargo, no tienen un conocimiento claro de cómo usar la Biblia en la preparación de un sermón. Una cosa es conocer la Palabra, pero muy distinto es ser capaz de hacer uso del conocimiento fiel, de tal manera que entregue los lineamientos básicos para la elaboración de un sermón o de una lección. Existen principios bien claros de homilética, que cada ministro que desee ser un hombre de Dios, debería usar para la gloria de Dios. Ojalá que este estudio sirva para remediar en alguna medida estas fallas.

Pienso de otras formas de ignorancia y de las fuertes ataduras que estas implican. ¿Ha experimentado la gloriosa bendición de hacer algo agradable con regocijo por el solo placer de hacerlo? El que predica porque tiene un peso que descargar o una obligación que ejecutar, tiene sobre sí una terrible atadura. Debería leer las Escrituras lo suficiente hasta que le permita visualizar el sentido de privilegio que Pablo sintió en su predicación. El diccionario define "privilegio" como "ventaja peculiar o un derecho". Así es en realidad cuando se refiere a la predicación del evangelio. Este significado tendrá todo su valor cuando amemos a Cristo y a aquellos por los cuales él murió.

Si existen cadenas de indecisión por temor al fracaso; esto también resultado de la de ignorancia. "El mundo todavía tiene que ver lo que Dios puede hacer con una vida que está totalmente entregada a él". El axioma referido al esfuerzo humano: "Usted nunca lo entenderá sino hasta que haya intentado hacerlo" es perfectamente aplicable también en cuanto al ministerio, con la diferencia de que tenemos que hacerlo rindiéndonos a él. Debemos ser capaces de hacer unidos la oración: "Oh Dios, arranca de nuestras manos todas las ataduras de indecisión, egoísmo y dudas, ayúdanos a ponernos en tus manos para que, con nuestra capacidad, esfuerzo y tu dirección divina, nos hagas hombres de bondad, ta1 como tu anhelas que seamos".

2. *Libre de las ataduras del prejuicio.*

Algunos hermanos estarían dispuestos a ser hechos a la imagen y semejanza de algunos predicadores exitosos, más que ser hechos a la imagen y semejanza de Jehová. Creo que esta forma de pecado es peor que "la idolatría" denominada como "codicia" en los oráculos divinos. ¿Cuál es la codicia? Es el deseo vehemente por la propiedad del otro. Gústenos o no, la personalidad del otro es su particular propiedad, y esta nunca será del otro que la desea. Lo único que se logra con este tipo de codicia es una sensación de tratar de usar algo que no es suyo y que no se sabe cómo usarlo. Este error de imitación resultará en una tosca caricatura de la realidad; ya que aquélla aparenta un esfuerzo que enfatiza los puntos más débiles, ignorando los más importantes.

Ahondando un poco más en esta materia, vemos que tiene serias implicaciones. Si tratamos de imitar la personalidad de otro,

¿no estamos oponiéndonos a la sabiduría de Dios que nos hizo tal como somos? Si usted está insatisfecho con su personalidad y forma de vida; esa insatisfacción le puede llevar a algo muy bueno o muy malo. Lleve sus necesidades y anhelos a Jesús, quien "hizo todas las cosas nuevas", deje que él le forme gradualmente de "gloria en gloria"; entonces la insatisfacción se tornará en una bendición. Pero si usted mira con ojos carnales la vida de los otros y anhela ser como Fulano o Mengano, pasando a ser un ardiente deseo, y se esfuerza por imitarlos, usted estará en abierto prejuicio contra Dios. Esto es verídico porque *"prejuicio" es la conclusión a que llega una persona sobre otra sin considerar por completo las evidencias"*. Si considerásemos *todas* las evidencias presentadas en el libro de Dios, encontraríamos que él ha creado a cada uno de nosotros como su "particular tesoro" y él está vivamente interesado en cada uno de nosotros para que ninguno se sienta menoscabado.

3. *Libre de las ataduras de los pecados escondidos.*

"Así que, lejos sea de mí que peque yo contra Jehová cesando de rogar por vosotros: Antes os instruiré en el camino bueno y recto". Así habló Samuel, el profeta de Dios, en el pasado. Y así el hombre de Dios debería hablar hoy. No debemos pensar en el fracaso de la oración en público; porque en alguna medida seríamos culpables. Sin embargo, podemos decir a nuestra congregación: "Así que, lejos sea de mí que peque yo contra Jehová cesando de rogar por vosotros; antes os instruiré en el camino bueno y recto". En la quietud de mi estudio, en la siempre atareada rutina diaria, Dios prohíbe que peque contra él por dejar de orar por otros. Hermano, ¿ha fallado usted en esta materia? Si usted nunca habló a su esposa acerca de su responsabilidad sobre sus hijos más a menudo de lo que usted habla a Dios sobre las almas que se le han confiado, ¿podría convencer a su esposa de que usted realmente cuida de sus hijos? Un letrero que fue colgado en una muralla dice: "La Oración es Poder". ¿Cuántas veces un ministro ha entrado al local y visto el letrero y se ha dicho en voz alta: "Sí, sí, claro que sí", cuando en gran parte de su vida ¡estuvo ausente el poder por la sencilla razón de que, en la soledad con Dios, pecó por su negligencia para orar!

Parecerá extraño que el mismo predicador, que aboga seriamente por las almas desde el púlpito, se sitúe al lado de tan preciados tesoros, como si no tuviera cuidado de ellas. El mismo evangelista que así ora y predica fervientemente en público por las almas perdidas y por su salvación, no dice ni una palabra a los perdidos que viajan a su lado de él en el camión o el tren o son sus vecinos. Pienso que en este tipo de hombre hay cosas equivocadas. Pudiera ser falta de motivación. Tal vez han estado buscando la aprobación de los hombres y no la de Dios. Cuando estamos en compañía de incrédulos, que no tienen interés en escuchar acerca de Cristo, por el hecho de un posible desinterés, o desaprobación a nuestro argumento y sentirnos menoscabados en nuestro ego, nos quedamos quietos. No hacemos nada en favor de la salvación de ellos cuando debería ser normal que lo hiciéramos cuando, además, tenemos la Palabra y todo es nuestro; entonces cuán atrevidos y osados deberíamos ser. ¡Oh Dios, líbranos de toda hipocresía!

Hay ciertas palabras en el libro de Dios que a menudo no nos gusta escuchar, por las implicaciones que tienen; como: "lascivia" "disolución" e "impureza", que envuelven la mente y llevan al hombre a pecar con su mente o su corazón. De este pecado habló Jesús cuando dijo: "Cualquiera que mira a una mujer para codiciarla, ya adulteró con ella en su corazón". Si hay algo que ata las manos y el corazón de los hombres de Dios, es justamente este pecado. Mientras estemos en este mundo, la carne codicia contra el espíritu y el espíritu contra la carne, porque estos se oponen entre sí, (Gálatas 5:17). Pablo habló de esta lucha en el capítulo siete de la carta a los Romanos, *pero* el agradeció a Dios por la liberación obtenida por medio de Jesucristo nuestro Señor. ¿Dónde se encuentra la liberación? En el trono de la gracia. Venimos a este trono en oración en tiempo de necesidad, para recibir la ayuda que él, por *gracia y misericordia*, nos da. En cuanto a nuestra vida, nuestro amante Padre nos asegura que su gracia es suficiente para nosotros y que su poder se perfecciona conociendo nuestras debilidades. Sin embargo, esto no puede ser una realidad, si no estamos dispuestos a ir al lugar adecuado para lograrlo.

La razón por la cual la lucha contra los deseos de la carne se pierde, es porque luchamos solos contra Satanás. El resultado de tal contienda es *uno* solo: la derrota. No obstante, tales problemas pueden ser llevados a diario al trono de la gracia, con la seguridad de que serán resueltos, llevándonos a una gloriosa libertad y victoria sobre el mal.

Preguntas para autoevaluación.

(Respóndalas en casa y dialogue en clase acerca de sus respuestas.)

1. ¿En qué forma entra la codicia para llevarnos a la imitación?
2. ¿Cuál será el resultado de los desaciertos de la imitación?
3. ¿Qué significan para usted las palabras de Pablo: "Sed imitadores de mí?"
4. ¿Cuándo es válido sentirse insatisfecho con nuestra personalidad? Si es cierto, ¿cómo?
5. ¿Qué se entiende por "prejuicio"?

6. ¿En qué manera el hombre ciego de Juan 9:1-41, es un ejemplo para nosotros a fin de aceptar la voluntad de Dios?
7. ¿Sería posible aceptar un prejuicio que influya en nuestra personalidad?
8. ¿Es pecado no orar? ¿Cómo lo entiende usted? ¿Es un pecado contra quiénes?
9. ¿Cuál es la principal causa del fracaso del testimonio personal?
10. ¿Cómo podemos vencer en la batalla contra los deseos de la carne?

Bibliografía sugerida

Jowett, J. H. *The Preacher, His Life and Work.* Páginas 41-71. Bounds, E. M. *The Preacher and Prayer.* Capítulos 1-3.

Hogue, Wilson T. *Homiletics and Pastoral Theology.* Páginas 291-306

Capítulo 2

El sermón: su definición

El corazón atribulado

El corazón del orbe está en crisis, afligido cruelmente en la noche,
y sólo Dios puede remediarlo y darle claridad.
Los hombres llevan el mensaje y la voz de la Palabra de Vida,
Tú y yo, mis hermanos y también aquellos que han entendido.

¿Cerraremos nuestros ojos en somnolencia?
¿Nos cruzaremos de brazos cómodamente mientras las fauces de la senda de
los mares se abren?
¿Podemos acallar la compasión y dejar la oración inconclusa, antes que las almas,
que en pecado cayeron, despierten de la muerte?

Nos movemos en trivialidades y el espíritu se conmueve y no se aquieta,
mientras en lo alto la visión del Crucificado nos abrasa,
la sangre del Eterno fluye por sus manos heridas y sus costados,
y la voz de Dios clama: "¡Decidles que he muerto por menesterosos
pecadores!"

¡Oh, voz de Dios! Los náufragos del tiempo escuchamos,
tus ecos que en rededor resuenan y nos es sublime el mensaje;" Ningún
poder humano nos destruirá, ni la plaza fuerte nos amedrentará".
¡Porque Dios ordena obediencia y el amor nos conduce
por la segura senda!

Capítulo 2

El sermón: su definición

Al comenzar este capítulo, bueno sería definir el importante término de nuestro tema. La palabra "sermón" tiene su raíz en el latín. El vocablo latino "sermón" significa "discurso". De la etimología de la palabra entendemos que un sermón es un discurso. Sin embargo, en el servicio de la iglesia el significado va más allá queel de un mero discurso.

¿Cuál es la relación que existe entre la homilética y el sermón? *La homilética es el arte de preparar y pronunciar un sermón.* Muchas veces he escuchado a ciertas personas burlarse de la homilética, considerándola un tema superfluo. No me afecta tal situación, aunque sé que muchas veces lo dicen como una inocente broma. Sin embargo, he notado que en ocasiones se tiene un equivocado concepto del verdadero significado de la homilética. Piense un poco (y aunque le parezca extraño), si homilética es el arte de preparar y hablar sermones, ¿es razonable pensar que hay que tomarla con negligencia y no darle la importancia que tiene – qué no están todos los predicadores comprometidos con este arte? Entre la gente se maneja una pésima definición de homilética, dicen que consiste en aprender a decir mejor: "lo primero, lo segundo y lo tercero". Quienes han estudiado esta disciplina tienen mucho cuidado de que su sermón tenga una simetría lógica. Esto no significa producir un recargo para el predicador, sino que es un mecanismo de ayuda para que el sermón no aparezca recargado en alguna de sus partes. Entendemos, entonces, por qué la homilética es el *arte* de preparar y decir un sermón. A menudo se hacen importantes cursos para determinar estrategias para mejorar la preparación y pronunciación de sermones, ya sean sagrados, ya sean profanos. Otros la consideran como algo "seco", "tiempo perdido", "mal necesario". Esta triste situación debe cambiar y derivar hacia el verdadero significado de la homilética, la cual tiene un objetivo maravilloso y esencial.

Tarea ocho

A continuación, encontrará unas sencillas preguntas de estimulación, para que las responda antes de preparar un sermón.

1. ¿Cuál es la mejor definición que usted puede dar de un sermón? (Su respuesta debe ser original.)
2. ¿Deberá leerse un sermón? Si considera que no, ¿por qué? Si considera que es posible, ¿cuándo?
3. ¿Qué hace que un sermón "parezca demasiado largo? Vaya al grano. No hay necesidad de la diplomacia; responda con sinceridad.
4. ¿Qué nivel de inteligencia promedio estimaría usted en el auditorio a quien va a hablar?
5. Dé tres razones claras por las cuales algunas personas no entienden a algunos predicadores. ¿Quién tiene la culpa? Responda a esta pregunta desde el punto de vista del predicador.
6. ¿Qué sucede cuando un mensaje es "demasiado obvio?" ¿Pasa a ser un pecado? ¿Cómo podemos remediar esta situación?
7. ¿Cómo actúa el hombre de Dios en su gestión de ayuda a la sociedad? ¿Es mediante el "evangelio social"? Si es sí, ¿en qué manera lo hace? Si es no, ¿por qué no lo hace?
8. ¿Cuál sería su definición para "religión" en relación con la predicación?
9. ¿Cómo se aplicaría Mateo 15:9 en la predicación actual? ¿Cómo el uso de inferencias tiene parte en ésta?
10. ¿Por qué algunos predicadores niegan algunas de éstas? ¿Es una actitud sabia? ¿Tiene este tipo de predicación todo el consejo de Dios?

Tarea nueve

Lea el siguiente planteamiento sobre el tema y responda las preguntas.

En nuestra definición de sermón usaremos una dada por Austin Phelps:

> El sermón es una proclama oral dirigida al pueblo, basada en una verdad religiosa contenida en las Escrituras, bien estructurado y con el fin de persuadir.
>
> – *Theory of Preaching*

Notará que en esta definición se distinguen claramente *seis partes*. Trataremos cada una de ellas en particular.

1. Un sermón es una proclamación "oral".

Siendo esto una verdad, debería darse completa libertad a la expresión verbal.

Lea cuidadosamente esta cita de Dean Brown:

No hay otro ambiente en que una persona que desea persuadir un grupo confía que la lectura cuidadosa de un manuscrito lograría su propósito. El abogado no se para delante del jurado con un papel sin antes percatarse que éste se encuentre escrito en un estilo tal, que combine la excelencia de Demóstenes con la de Cicerón. El orador político, en su campaña por la obtención de votos, no se pararía en el proscenio con un papel para leerlo, sin antes asegurarse de que su discurso esté escrito en el más puro idioma de Cervantes y con la profundidad de la "República" de Platón. Ninguno de estos hombres se aislaría en una pila de papeles de los con quienes desea hacer una conexión y a quienes desea impartir su persona por alguna misteriosa corriente eléctrica . . . y aquellos se esfuercen en esta tarea más difícil de pronunciar sus palabras sin manuscrito para obtener "una corona corruptible".

– *The Art of Preaching*, páginas 81-82

Para ser un discurso efectivo, este deberá tener las características propias de la "*entrega directa*" y esto no puede ser posible si el discurso es leído.

A pesar de las desventajas que tiene el leer un sermón, existen personas que lo han hecho con bastante éxito; sin embargo, estos casos son excepcionales, y no la regla general.

El sermón es un "discurso oral"; pero, ¿qué clase de discurso *oral*?

Es muy ventajoso que el predicador cultive siempre el hábito de hablar en público con un tono agradable de voz. Si su manera habitual de hablar es tosca, fuerte, ronca o aguda, le será imposible entregar un mensaje de ayuda espiritual a los oyentes, porque es necesaria la calidad de la voz y el tono apropiado. Si las palabras de un hombre dicen una cosa y su voz dice otra, su acción se tornará contraria al objetivo perseguido. Si su lenguaje invita y su tono repele, la gente se marchará, perdiéndose el valor y el esfuerzo de su trabajo. Muy saludable sería que cada orador público hablara por cinco o diez minutos, con su estilo habitual de voz, en una grabadora para después reproducirlo. Al escuchar su grabación descubrirá con asombrosa fidelidad la inflexión de su voz, la poca feliz modulación y tono producidos, y que la pobre congregación soportará tal carga con dolorosa paciencia. De esta manera se dará cuenta de la realidad, como si se mirase en un espejo. Sabrá cómo es su vocalización y cómo puede tomar medidas para mejorar la calidad de su voz.

– *The Art of Preaching*, páginas 164-165

Una palabra de advertencia:

La monotonía, conocida a veces como 'perorata' o 'cháchara' entre los no creyentes, hará que cualquier sermón parezca largo". El hombre que siempre actúa "serio", siempre enfático, que se esfuerza por hablar apelando a todo su vigor llega a ser fatigoso. El método de mejores resultados es el de la

> conversación, este tiene más variedad y además penetra profundamente en los seres humanos.
>
> – *The Art of Preaching*, páginas 110-111

Hablaremos más sobre la voz en nuestro capítulo sobre la entrega del sermón.

2. *El sermón está dirigido a la "mente popular".*

Se ha estimado que la inteligencia promedia de los oyentes, es de la de un niño de unos doce años de edad. Podría ser (aunque tengo mis dudas al respecto) esto un índice de que la falta de información bíblica es alarmante. Cuando predicamos un mensaje lo dirigimos a la "mente popular", entendiéndose con esto: al oyente promedio. La mayoría de la gente que nos escucha no entiende lo que los términos teológicos o eclesiásticos encierran. Deberíamos atender a lo que Pablo escribió a los Corintios: "pero en la iglesia prefiero hablar cinco palabras con mi entendimiento para enseñar también a otros, que diez mil palabras en lengua desconocida" (1 Corintios 14:19). La "lengua desconocida" que empleamos la hemos adquirido a la luz de nuestro escritorio y muchos de los oyentes nunca la han tenido.

Además, hay otras razones por las cuales "la mente popular" no entiende o no aprecia el mensaje. A veces resulta que el mensaje es confuso o simplemente no dice nada. La dificultad principal radica en el propósito del mensaje. Esto sucede justamente porque el predicador no tiene claridad para presentar sus ideas ni tampoco para desarrollarlas. Entre más habla más complica las cosas y más se confunde.

Existe el predicador que entrega en su sermón todas sus conclusiones sin molestarse en decir cómo las obtuvo. Cuando este tipo de personas trabaja sobre estas conclusiones confunden a la "mente popular".

Por otro lado, deberíamos ser muy cuidadosos para evitar ser demasiado obvios en nuestra predicación. En lo personal debo confesar que es justamente este tipo de predicación que más me desagrada. Si uno comete a menudo este error tratando de ganar a la mente popular, debe poner rápidamente en el número uno en la lista de los sermones negativos que no hay que predicar.

> Quien siempre hace uso de lo obvio, tendrá siempre sermones que parecerán largos. Pudiera parecer necesario que un orador dijera que dos más dos son cuatro, sin embargo, es necesario explayarse sobre esa declaración e insistir en ella, o ilustrarla y exhortar a la gente a poner su confianza en ella. Al momento, cada una de las aseveraciones serán comentadas con: "nosotros ya lo sabemos". "Lo entendemos perfectamente. Ahora, ¿qué ganamos con esto?"

"¿Qué implicaciones tiene todo esto en los problemas de la vida para que los encaremos?" Preste atención a lo siguiente:

Pudiera ser apropiado para un predicador decir que el Sol salió ayer en la mañana por el Este a la hora acostumbrada. Es una declaración perfectamente aceptable, incluso pudiera considerarse como propia de Newton. Sin embargo, la gente está interesada solamente en las enseñanzas que a partir de esa aseveración pudiera lograr. Quizás el hecho, en sí mismo, no tiene importancia y pareciera de poca elucubración mental por parte del que la hizo. Ahora déjele hacer lo suyo, teniendo presente que de lo obvio hay que tener cuidado para hacer cosas útiles y dignas.

A menos que desarrolle *en forma novedosa* y actualizada *una antigua aseveración, o haga una aplicación interesante de un hecho pasado*, moviendo los cambios para hacer pertinente su planteamiento y produzca vida en el corazón de los oyentes, usted estará aburriendo de manera perfecta a su congregación. Les robara su tiempo insistiendo inútilmente sobre cosas pasadas y sin aplicación práctica para ellos. Quien hace uso de este tipo de cosas por tres minutos, obviamente será para la congregación no menos de media hora de aburrimiento.

– *The Art of Preaching*, páginas 108-109

3. *El mensaje se basa en "una verdad religiosa".*

¿Cuál es una verdad religiosa? Hay algunos campos del saber que no corresponden al marco religioso. Los hechos son realidad dondequiera que ocurran. El predicador del evangelio deberá entregar *la verdad religiosa*, no la filosófica, tampoco la social, ni la biografía de los grandes hombres, excepto cuando algo de esas áreas favorezca a la verdad religiosa. Esto es, en realidad, lo que se ha encomendado para predicar.

Desde luego que el evangelio predicado debe penetrar e influir en la vida social de los individuos; pero el hacer énfasis en lo social, hace que los hombres al fin fracasen y den la espalda a Dios. La única forma de un cambio social verdadero, es a la manera cristiana, es decir, a través del cambio del corazón.

Refiriéndonos al demasiado énfasis que se hace de lo biográfico, podemos decir que "la vida de los grandes hombres nos recuerda que podemos hacer que nuestra vida también sea sublime y que el paso de ella deje tras nosotros huellas en las arenas del tiempo". (Comparar *The Psalm of Life*, por Longfellow.)

Pero la vida de los grandes hombres fue así y así quedará, porque ellos practicaron la obediencia a las leyes de Dios y de su Hijo, sea que ellos lo hayan reconocido o no. De ahí que sería inútil enfatizar y elogiar el resultado más que la causa.

La filosofía es un poderoso imán, y dentro de su campo se pueden encontrar nobles enseñanzas. Permítaseme decir una palabra de recomendación en favor de la filosofía cristiana; aunque el púlpito no es lugar para discutir principios filosóficos. Dios es la fuente verdadera de toda la sabiduría y el conocimiento (Santiago 1:5); y en Cristo están escondidos todos los tesoros de la sabiduría y del conocimiento (Colosenses 2:3). Es perfectamente posible actuar sobre los principios filosóficos cristianos teniendo conocimiento de su estructura interna.

4. *Predicamos la Palabra "contenida en las Escrituras".*

Pareciera innecesario insistir en que el ministro del evangelio debería preparar su sermón "basado en una verdad religiosa contenida en las Escrituras". No obstante, atendamos con diligencia a estos planteamientos:

a. Podemos agregar a las Escrituras haciendo inferencias.

Si la inferencia es importante y de justa deducción; y que no viole ningún pasaje de las Escrituras. Sin embargo, hay muchas inferencias que se extraen de las Escrituras que sólo son opiniones de los hombres. Aceptamos como verdaderos algunos planteamientos que nos presentan, no siendo posible encontrar algún relato en las Escrituras para apoyarlo, y de esta manera "inferimos" como si proviniera de la Biblia. Permítame decirle sinceramente que – si usted enseña deducciones e inferencias como proveniente de la Palabra de Dios, es tan culpable como los fariseos que Jesús condenó. Efectivamente, caería en el mismo pecado (Comparar Mateo 15:7-9).

b. Podemos quitar de la Palabra mediante teorías.

Esto es la antítesis de lo que se ha dicho. De esta manera a la Palabra no se le ha agregado nada, sino que a ésta se la ha *diluido*. Leemos un pasaje que nos desconcierta porque es diametralmente opuesto a nuestra creencia. Pensamos que no puede significar lo que parece decir, de esta manera usamos un proceso de racionalización el cual quitará al texto todo vestigio de enseñanza, contraria a nuestra preconcebida teoría o creencia. Así obtenemos nuestro fundamento de una segunda fuente, y no de la mano de Dios por medio del estudio de su Palabra. Por lo tanto, el fundamento de estos proviene de los hombres y de su estudio. Escritas o no, estas creencias son obra de hombres. Seamos muy honestos con nosotros mismos en este tipo de cosas.

c. Podemos sustituir la Palabra mediante malos deseos y la lujuria.

Adición y sustracción son formas de sustitución; pero tengo otro pensamiento para plantear. Está bien comprobado que hombres pueden encontrar excusa por cualquier pecado que han cometido. Difícilmente se encontrará a un criminal tras las rejas que no se excuse por su crimen, pretextando esta o aquella razón. Asimismo, mucho de este tipo de justificación personal la encontramos en relación al manejo de la Palabra de Dios. Más que admitir la limpieza purificadora a través del poder del evangelio, el predicador que vive lleno de pasiones y malos deseos, sustituirá la poderosa verdad evangélica en favor de sus desvaríos y caprichos. Así, de esta manera, con su corazón lleno de pasiones y malos deseos justificará su desobediencia a la ley de Dios.

Hasta aquí podemos decir que un sermón verdadero y eficaz, es aquel mensaje oral dirigido al promedio de la gente, sobre una verdad religiosa contenida en las Escrituras, a la que no se le ha agregado nada por inferencias, sustraído por teorías ni sustituido por pecados personales.

Tarea diez

Responda de memoria las siguientes preguntas. Haga su trabajo en casa y discuta sus respuestas en clase.

1. Diga, de memoria, la definición completa de un sermón.
2. ¿Acepta usted que las bondades de la expresión oral se obstruyen si el mensaje es leído? Si es sí, ¿por qué? Si no, ¿por qué no?
3. ¿Cree usted que usar en la predicación el método de la conversación malogra el mensaje evangelístico?
4. ¿Será "popular" su sermón si éste alcanza a la mente popular?
5. ¿Qué dificultades se presentan en las predicaciones "vagas y confusas"?
6. ¿Por qué es un pecado ser demasiado obvio en nuestras predicaciones? ¿Podría alguna ser *demasiado* clara?
7. ¿Cuál es "verdad religiosa" de acuerdo a nuestro uso de este término?
8. ¿Es una falta usar en nuestras predicaciones, biografías o aplicaciones de orden social? Si es sí, ¿por qué? Si no lo es, ¿por qué no?
9. ¿Cuándo es correcto usar una inferencia y cuándo es incorrecto?
10. ¿Cuáles son algunas de las razones por las cuales los hombres agregan, sustraen o sustituyen a la Palabra de Dios? ¿Cuál de ellas es de más tentación para usted?

Tarea once

Hablando al corazón. Estas preguntas son para tocar su conciencia. Responda con esto en mente.

1. "Este hermano no es un predicador dotado, sin embargo, es maestro de alta calidad". ¿Acepta esto como posibilidad? Si es así, ¿por qué?
2. Si un sermón no toca la conciencia del oyente, ¿merece llamarse sermón? ¿Han tocado la conciencia suya los sermones que usted escuchó en el último mes? Si no es así, ¿quién tiene la culpa?
3. ¿Cómo es que alguna materia se hace monótona por repetición y otra no?

4. ¿Debe tener en mente ciertas personas mientras prepara su mensaje? Si es así, ¿en qué manera debe tenerlas en mente?
5. ¿Será correcto intentar persuadir a otra persona que se convierta en cristiana? ¿No sería eso inmiscuirse en la obra de Dios y de su Espíritu?
6. ¿Juega algún papel el temor en nuestro persuadir a las personas? Si es que sí, ¿dónde?
7. ¿De qué seríamos culpables si **no** predicamos con persuasión?
8. ¿Debemos admitir que algunos hombres tienen temperamento que no se adapta a la predicación persuasiva? ¿serán responsables en la misma manera que otros?
9. ¿Sería apropiado medir el éxito de su ministerio con el número de hombres y mujeres que se han persuadido a aceptar a Cristo y vivir para él?
10. Diga la definición completa de un sermón. Recuerde, tiene seis partes.

Tarea doce

Lea el siguiente relato de las dos últimas partes de la definición del sermón.

5. El sermón debe ser "prolijamente elaborado".

Quizás más de una pregunta se hará alguno frente a lo que esto significa. Parto de la base de que un sermón debe ser más que un bosquejo bíblico, y más que un estudio bíblico. Esto implica que deberá ser elaborado teniendo en mente un objetivo definido. Esto no se refiere a la extensión del sermón; un mensaje puede ser de sólo cinco minutos y estar debidamente elaborado para cumplir su propósito. Yo diría, como una observación general, que un mensaje está debidamente elaborado, cuando este tiene una enseñanza bíblica que ayuda tanto al oyente como al predicador.

Si los que asisten a los servicios donde usted predica, no se van con una nueva aplicación de la verdad conocida, o con alguna nueva verdad no vista antes, entonces su sermón no es un sermón en el estricto sentido de la palabra.

Cuando usted se va de caza, estoy cierto de que se asegura de llevar consigo la mejor de las escopetas y la mejor munición que pueda encontrar. Desde luego que todo esto es importante; sin embargo, lo más importante es traer de regreso la caza cobrada. De esta manera es nuestra predicación. Es importante tener un buen bosquejo para que el contenido sea entendido; también es importante el uso de las Escrituras, pero lo *más* importante es que busquemos la forma de que el bosquejo y el contenido llenen de bendición de Dios a los oyentes. Visualice mentalmente junto a su escritorio a los miembros de su congregación. Piense que cada uno de ellos son individualidades. ¿Cuál será la necesidad de estos? Entonces bajo esta atmósfera deberá preparar su sermón.

6. *El sermón está elaborado con un "propósito de persuasión".*

Pablo dijo, concerniente a su ministerio: "Conociendo, pues, el temor del Señor, persuadimos a los hombres" (2 Corintios 5:11). Si no persuadimos a los hombres, ¿será que nos falta algo en nuestro conocimiento del temor del Señor? Si preparamos y predicamos nuestros sermones a la luz de la eternidad, pensando en el cielo o en el infierno, persuadiremos a las almas. Seremos como un moribundo predicando el urgente mensaje a otros moribundos. Un sermón que no se ha elaborado y predicado con propósito definido de acción, no tendrá ni resultará en una acción definida. Si no les rogamos a los hombres en el nombre de Cristo que sean reconciliados con Dios, nos estaría faltando lo más importante del sermón.

Preguntas para autoevaluación.

Respóndalas en casa, discuta sus respuestas en clase.

1. ¿Cuándo es un sermón más que un estudio bíblico o que un bosquejo?
2. ¿Cuál es la extensión ideal de un sermón?
3. ¿Qué se entiende por "verdad interesante?" o ¿Cuándo es una verdad interesante?
4. ¿Cómo se asemeja la predicación con la caza?
5. ¿Qué imagen mental debería tener el predicador cuando prepara su sermón? Esto es para el propósito de poder dirigirse a las necesidades de la congregación.
6. Si en nuestra predicación no persuadimos a los hombres, de acuerdo a 2 Corintios 5:11, ¿en qué fallamos?
7. ¿Qué nos causaría hablar como mortales a mortales moribundos?
8. ¿Por qué es importante en la predicación tener un propósito definido?
9. ¿Por qué es la sexta parte en la definición del sermón la más importante?
10. Diga de memoria las seis partes de la definición de un sermón.
    Un sermón es:

1. ______________________________
2. ______________________________
3. ______________________________
4. ______________________________
5. ______________________________
6. ______________________________

Medite en cada uno de estos aspectos descritos y propóngase hacerlos suyos cada vez que prepare y predique un sermón.

Bibliografía sugerida

Broadus, John A. (Revisado por Jesse Burton Weatherspoon) *On the Preparations and Delivery of Sermons*. Páginas 1-14.

McCartney, Clarence E. *Preaching Without Notes*. Páginas 9-30.

Morgan, G. Campbell. *Preaching*. Páginas 9-38.

Capítulo 3

El bosquejo – explicación de sus partes

¿Están todos los niños a salvo?

¡Están todos los niños a salvo? La noche está cayendo,
Y las nubes tormentosas se citan en el amenazante Oeste;
El abatido ganado busca un refugio amigo;
Y el ave vuela cautelosa a su nido;
Los truenos conmueven el cielo y crece salvaje la tempestad,
Y las tinieblas se establecen en medio del fragor espantoso.
¡Venid, cerrad la puerta y reuníos al calor del fogón!
¿Están todos los niños a salvo?

¿Están todos los niños a salvo? La noche está cayendo,
Mientras tanto el dorado pecado camina por las calles.
Para luego morder cual solapada serpiente,
Envenenando furtivamente a la dulzura.
¡Oh, madres, guardad los pies inexpertos
Que van raudos tras la senda del pecado!
¡Oh, cerrad las puertas del amor a la maléfica tentación!
¿Están todos los niños a salvo?

¿Están todos los niños a salvo? La noche está cayendo,
Y la nocturna muerte pide prontitud a la prisa.
El Señor está llamando. Entrad a vuestros aposentos,
Y esperad con dulzura allí".
Él que hizo morir a la muerte vergonzosa
Hará triunfar vuestros corazones.
¡Oh, que las puertas del azul se cierren tras nosotros,
Con todos los niños a salvo allí!

Capítulo 3

El bosquejo – explicación de sus partes

En el bosquejo del serm6n se distinguen claramente *siete* partes. A continuación, se muestra una graficación de este y la interrelación de sus partes.

TEXTO

TEMA

INTRODUCCIÓN

PROPOSICIÓN

División principal — División principal

Subdiv., Subdiv., Subdiv. — Subdiv., Subdiv., Subdiv.

División principal

Subdiv., Subdiv., Subdiv.

CONCLUSIÓN

Notará que en la gráfica todo el sermón aparece suspendido del *texto*. Luego el tema surge del texto. La introducción nos adentra en la proposición del tema. Bajo la proposición están suspendidas, tanto las divisiones principales como las subdivisiones. La conclusión se relaciona con la proposición y las divisiones.

Pero me adelanto. Por favor, haga la siguiente tarea antes de ver los pormenores de un bosquejo.

Tarea trece

(Examen para determinar la capacidad analítica)

1. Tome Juan 14:1-6 y seleccione un versículo que le sirva como posible texto para un sermón. Responda las siguientes preguntas acerca del texto escogido:

   ¿Por qué seleccionó este versículo y no otro?

   (1) ¿Porque condensa el contenido de todo el pasaje?

   (2) ¿Porque le entrega una verdad muy especial?

   (3) ¿Porque piensa que sería aplicable a su vida? (Seleccione la respuesta que se acerque más a su razonamiento y explíquela en mayor detalle, indicando la motivación que tuvo para escogerla.)

2. Registre el versículo escogido de Juan 14:1-6.

¿Cuál idea espera usted manejar? De la siguiente lista seleccione un título que se acerque más a su "idea" o "tema" para su sermón:

(1) El corazón turbado y su curación.
(2) La confianza en Dios.
(3) Jesús, el Cristo.
(4) La casa de mi Padre.
(5) Las muchas mansiones.
(6) La verdad de Jesús.
(7) La certeza del cielo.
(8) El cielo, un lugar.
(9) El cielo en preparación.
(10) Seguridad en los brazos de Jesús.
(11) La segunda venida.
(12) El camino.
(13) Como conocer el camino.
(14) El camino, la verdad y la vida.
(15) El camino al cielo.

Redacte en sus propias palabras el tema seleccionado. A continuación, resúmalo en cuanto le sea posible a unas pocas palabras. Ahora, si puede decirlo en una *sola* palabra, tanto mejor. No pierda de vista la brevedad; velando, dentro de lo posible, que no pierda su importancia ni el interés. ¿Hay algo que no le satisface?

Si es así, piense que a otros que le escuchen les pasará lo mismo y, desde luego, les será *dañino.*

3. Redacte en una oración (mejor que sea corta) lo que usted espera hacer con este tema. ¿Qué pretende conseguir con él? *Es de suma importancia que lo haga en forma específica. ¡NO generalice!* Anótelo mediante *un* objetivo; no dos, tres, cuatro o diez; sólo *uno.* A continuación, se presentan las primeras palabras de lo que tiene que anotar, usted debe completar lo que falta siguiendo las líneas:

"En este tema me propongo ______________________________

____

4. A continuación, mencione *tres* maneras mediante las cuales pretende lograr su propósito. Usted ya sabe cuál es su propósito y además ya lo tiene establecido. Explique ahora *cómo* lo va a realizar. Anote su planteamiento en las líneas dadas.

(1) Por (mediante) ______________________________
(2) Por (mediante) ______________________________
(3) Por (mediante) ______________________________

5. Cada una de las estrategias utilizadas por usted en el desarrollo de su acción tiene una idea independiente. ¿Cómo se propone llevarla a cabo? Tenga cuidado. Recuerde la gráfica.

Aquí aparece con otros nombres:

Juan 14:1-6 Su tema

La razón (idea) de su tema

Cómo desarrolló su propósito.	Cómo desarrolló su propósito.	Cómo desarrolló su propósito.

Ahora, su labor es desarrollar cada punto bajo el propósito (idea o razón) establecido, de tal manera que se separen uno del otro; y que, sin embargo, todos cumplan con el propósito que se fijó. ¿Puede hacerlo? Inténtelo. Desarrolle dos puntos para cada idea. Escríbalos aparte. Redáctelos bien. No olvide orar; hágalo bien. Si lo considera conveniente, úselo en una predicación.

Ahora, lo que usted hizo se parece a esto:

Juan 14:1-6 Su tema

La razón (idea) de su tema desarrollada

Cómo desarrolló su propósito.	Cómo desarrolló su propósito.	Cómo desarrolló su propósito.
1. Ampliación del desarrollo.	1. Ampliación del desarrollo.	1. Ampliación del desarrollo.
2. Igual que arriba	2. Igual que arriba	2. Igual que arriba

Si su desarrollo no es coherente, vuelva a su texto y trabaje cuidadosamente hasta lograrlo.

6. Después de haber completado su desarrollo, estará listo para la conclusión del mensaje. ¿Podrá hacerlo de manera tal que resulte en una acción sobre la base de lo que se había planteado? En otro capítulo daremos más detalles acerca de la conclusión.

7. ¿Se dio cuenta de que no hemos hablado de la introducción? En realidad, nunca la hemos dejado fuera. Hemos esperado hasta el momento justo para ocuparnos de ella. Aunque la introducción está entre el tema y la proposición (tercera en orden), es mejor esperar hasta tener el bosquejo formulado antes de hacer la introducción. De esta manera sabrá cómo mejorar lo que ya tiene planificado.

Sugerimos que haga este examen en casa y lleve el material a la clase para que allí sea estudiado por los demás alumnos y por el profesor.

Tarea catorce

Lea el siguiente relato y responda las siguientes preguntas:

1. *El texto.*

El texto es la porción de la Palabra de Dios que el ministro selecciona para formular la base de su sermón.

Es lo primero que debe ser entendido, tanto por el predicador como por la congregación. Por este motivo, a veces es necesario dar una explicación del texto. Por favor, nunca subestime ni sobrestime el conocimiento bíblico de su audiencia. Lo que le puede parecer obvio a usted, a veces es muy oscuro para otros. Casi siempre es necesario explicar en pocas palabras las razones que le han movido para escoger este pasaje de las Escrituras. A continuación, presento un par de textos, uno de los cuales necesita ser explicado con el contexto y el otro no. ¿Puede determinar cuál es uno y cual el otro?

1. 2 Samuel 24:24
2. Romanos 12:12

Ambos textos necesitarán explicación de cómo serán utilizados, pero uno de ellos necesita una explicación especial por el contenido histórico que encierra. El predicador y la audiencia deben entender el texto.

Cuando Jesús entró en la sinagoga en un día sábado, le fue dado el libro del profeta Isaías. El abrió el libro y encontró el lugar donde está escrito:

> El Espíritu del Señor está sobre mí, por cuanto me ha ungido para dar buenas nuevas a los pobres; me ha enviado a sanar a los quebrantados de corazón; a pregonar libertad a los cautivos, y vista a los ciegos; a poner en libertad a los oprimidos; a predicar el año agradable del Señor (Lucas 4:18-19).

¿Por qué leyó él esta porción de las Escrituras? Si leyera el versículo 21 de este mismo capítulo lo sabría.

"Y comenzó a decirles: Hoy se ha cumplido esta Escritura delante de vosotros".

Si no estamos capacitados para decir esto del texto que hemos escogido, deberíamos mejor haber buscado otro. Debemos distinguir la relación directa de las necesidades de la gente y lo que el texto seleccionado nos dice. Cuando podamos sentir los latidos de los corazones de la congregación dentro del texto de nuestro sermón, sólo entonces podemos decir que tenemos un sermón. Según este planteamiento, nos podemos dar cuenta de que tenemos un mensaje de Dios para los que nos escuchan. "Hoy se ha cumplido esta Escritura delante de vosotros".

El evangelio de Juan es un maravilloso libro para escoger textos. Hay suficiente en él como para estar predicando por años. El de Los Hechos, es otro de los libros que se prestan para predicar de sus textos. No obstante, hay sesenta y seis libros en "todo el consejo de Dios". Esto significa que nuestros textos deberían ser seleccionados pensando en toda la Biblia que está delante de nosotros. Estamos viviendo en la dispensación del Nuevo Testamento, pero esto no es razón para dejar a un lado el Antiguo Testamento como fuente de inspiración para textos del sermón. Pablo, Pedro, Esteban y Timoteo lo utilizaron. Fueron realmente buenos predicadores.

A veces un texto no es más que un pretexto. Tal vez ha escuchado a predicadores que predican sobre el bautismo sin importar el texto de la Biblia. Tal hábito es peor que un pretexto. Si fuéramos pastores llenos de fe, alimentaríamos al rebaño con un buen alimento espiritual, con una dieta balanceada de los muchos temas bíblicos. No olvide que una persona que predica solo su tema favorito, termina siendo posesionada de tal tema. El predicador de un solo tema siempre baja del caballo donde subió.

1. *El tema o idea central*

El tema es la porción del sermón que tiene relación directa con la idea que nos mueve para dar el mensaje. Los vocablos "tema" e "idea" son usados indistintamente para referirse a esta parte del bosquejo. Hay que asegurarse que el tema satisfaga las necesidades espirituales de la congregación. Para ello hay que conocer la Palabra de Dios de tal manera que seamos capaces de obtener la porción escritural en forma óptima y así seleccionar el texto. Si así hace, tendrá mejor posibilidad de encontrar su tema (idea).

Sin embargo, el método más usado es algo diferente. El predicador está consciente todo el tiempo de las necesidades de la grey. Refiriéndonos directamente a cómo obtener el tema de la Palabra de Dios, podemos decir que lo puede encontrar mediante diversos medios: libros, experiencia diaria, conversaciones, otros ministros, etc. Estos medios le facilitan algunas referencias bíblicas, o le dan una idea con la cual poder manejar una porción bíblica o un texto.

Ambos métodos son usados. Con el propósito de relacionar lo más que se pueda al predicador con su Biblia, le presentaremos el primer método a través de este estudio.

A continuación, encontrará algunas cualidades que deberá reunir el sermón elaborado por el hombre de Dios.

En primer lugar y en forma prioritaria, el tema debe ser *claro*. Puede ser muy común o muy técnico, pero *el tema no puede ser demasiado claro.*

¿Puede usted plantear su tema en una oración (o frase)? Si tiene dificultad para hacerlo es quizás por no tener claridad del procedimiento, para proceder al próximo paso de la preparación. ¿Qué espera conseguir con su mensaje? ¿Cuál es la idea declarada en una sencilla oración (frase)?

Si el tema del mensaje no es de *suma importancia* al predicador, difícilmente podrá entender el tema. La idea que él quiere transmitir debe absorber al ministro. Debe estar intrigado, fascinado, maravillado con las posibilidades de su tema. La congregación es raramente más interesada en el tema que el predicador. Por ende, si el tema no le interesa al predicador, con menos razón será interesante para los oyentes.

Existe una falta muy común en la formulación de un tema, y tiene relación con el hecho de que cuando el predicador inicia la entrega del sermón y se da cuenta de que está incompleto. Trata de remediar la situación agregando otro tema. Piensa que con esto completa su propósito, sin embargo, lo que hace en el fondo es confundirse más. El caso es que su objetivo no ha sido bien planeado, está incompleto. Un buen tema es aquel que se sustenta de una idea clara y definida.

Hagamos que nuestros temas sean consistentes y poderosos. Si un objetivo está planeado débilmente, seguramente que así será también su resultado. La gente busca al hombre de Dios para tener fortaleza espiritual, para satisfacer sus necesidades del cielo. Démosle un fuerte refugio a través de la Palabra de Dios. El verdadero predicador del evangelio no presenta sus sermones para provocar dudas o vacilaciones en sus oyentes.

Ahora se presentan cinco temas escogidos de cinco textos. Seleccione los que mejor interpreten el texto, y explique por qué. (Lea los textos.)

(1) La llamada al cielo. Juan 3:16.
(2) La preparación de la vida más importante. Amos 4:12.
(3) Su inevitable llamamiento. Hebreos 9:27.
(4) ¿Por qué perderse? Lucas 13:3.
(5) ¿Qué no pudo hacer Cristo? Mateo 27:42.

Ahora seleccione *usted* los temas que han sido mal planeados. Redáctelos claramente mediante una breve oración.

Ahora tenemos otros cinco temas que han sido tomados de un solo texto. Diga cuales están formulados en forma más interesante. Explique por qué. Romanos 12:1-2.

(1) Cómo estar de moda para Dios.
(2) Conformación y transformación.
(3) El deseo de Pablo para los santos de Roma.
(4) El constreñimiento de la misericordia de Dios.

(5) Su servicio espiritual.

Diga cuales de estos temas están formulados en forma incompleta:

(1) Romanos 1:16 "No me avergüenzo".

(2) Mateo 6:33 "Qué buscar".

(3) Mateo 13:45, 46 "El gran descubrimiento del mercader".

(4) Mateo 13:44 "El tesoro de Dios".

(5) Lucas 15:11-24 "Un pródigo".

¿Por qué están incompletos los que seleccionó? Redáctelos de mejor manera.

Ahora, veamos lo que quiero decir con temas de expresión potente: de 1 Corintios 13:1-6 podrá seleccionar un tema sobre el amor y creo que podría hacerlo de una de las dos maneras que se detallan a continuación:

(1) "Lo más importante en el mundo" o

(2) "La superioridad del amor".

¿Cuál está formulado en mejor manera? ¿Por qué? Seleccionaremos el tema sobre la "fe" tomando el texto de Hebreos 11:1-2, lo formularemos así:

(1) "Una definición inspirada acerca de la fe!' o

(2) "La clave para lograr el cielo".

¿Cuál tiene mayor fuerza expresiva? ¿Por qué?

2. La introducción.

La introducción es la parte del sermón que introduce el tema partiendo del texto. Si se mira desde el punto de vista cronológico, es lógico considerar a la introducción como la tercera parte del bosquejo del sermón; pero no se piensa así de acuerdo con la preparación del mensaje.

¿Podremos manejar la introducción, adentrarnos al tema, relacionarla con el texto y entregar el mensaje, si no conocemos el contenido y el desarrollo del sermón? A pesar de ser considerada como la tercera parte, su delineamiento deberá verse sólo cuando está decidido el cuerpo del sermón.

Las características de una buena introducción.

A continuación, se presentan un texto, el tema y su introducción. Parto de la base que esta es una buena introducción.

¿Puede explicar por qué?

Salmo 126:5-6.

"La fórmula divina para ganar almas".

En Pittsburgh, Pennsylvania, en 1939 se terminó de construir un edificio de un millón de dólares. Se trataba del nuevo local de correos. El primer cliente subió los escalones llevando en su mano una carta. Un minuto después, el mismo hombre regresó con la carta en su mano. Pero, ¿qué había pasado? Habían construido el local y lo habían equipado completamente, excepto que habían olvidado hacer la abertura por donde echar las cartas al buzón. Esta historia es verdadera. Pero también hay otra historia verídica y ésta es más trágica y absurda: es formar una iglesia sin tener un método eficaz para ganar almas. Jesús prometió construir una iglesia dándonos una fórmula *divina* para ganar a las almas para él. Escuche este texto tornado del libro de Dios: Salmo 126:5-6.

A continuación, le presento una introducción defectuosa.

Dígame cuáles son las fallas y de qué materia se trata.

Salmo 34:5

"Una religión radiante".

Una religión radiante es la religión de Jesús, no así la de Mahoma o la de Zoroastro. Estas religiones, en cuanto a reforma moral, no tienen nada que ofrecer; a pesar de que la reforma moral no es el fin del cristianismo. Transformación y no reforma o rehabilitación es el argumento presentado por el Maestro; sin embargo, mucha de nuestra práctica religiosa es mundana y opera desde un punto de vista horizontal. No obstante, si levantáramos nuestros rostros al horizonte de la gracia redentora, sería distinta, radiante y maravillosa. Hoy, nuestro tema será una religión radiante.

Una buena introducción tiene las siguientes características:

a. Debe ser el vestíbulo del sermón, no la habitación interior; asimismo, no es para *desarrollar* el sermón, sino para introducirlo.

b. Tiene como propósito servir de introducción al tema; y como una presentación del sermón. Por lo tanto, no debe pensarse que sea más extensa ni más pequeña que el tema, ya que este tiene otra misión.

c. Tiene como propósito atraer la atención y el interés de los oyentes. Su formulación será, entonces, para lograr este fin.

Con estas tres características en mente, evalúe con espíritu crítico las introducciones precedentes y determine si sus objeciones están relacionadas con algunas de estas tres consideraciones. Si así fuera, ¿con cuál de las tres? Escriba su evaluación.

1. ¿Qué es la explicación de un texto? ¿Cuál es su propósito?
2. ¿De qué manera el predicador podría ser capaz de decir, "hoy se ha cumplido esta Escritura delante de vosotros"?
3. ¿Cuándo es un texto un pretexto?
4. ¿Cuándo es el método ideal para conseguir un buen tema para el sermón?
5. ¿Cómo se puede explicar eso de que nada es demasiado claro en los temas?
6. ¿Cómo es que algunos predicadores fallan al intentar remediar un tema incompleto?

7. ¿Por qué no es lógico considerar la introducción como el tercer punto a desarrollar?
8. Dé tres características de una buena introducción.

Tarea quince

Lea el siguiente planteamiento y responda las preguntas:

4. La proposición.

Es la porción del mensaje que se formula mediante un enunciado o párrafo, que establece la naturaleza y dirección del sermón.

Se podría decir que es el "eje" de todo el sermón. El texto, la introducción y el tema la conducen. La división principal y las subdivisiones la desarrollan y la conclusión la finaliza. Significa, entonces, que su importancia debe ser enfatizada.

Tomemos Mateo 25:1-12. Obtenga de él su tema. Le sugiero el siguiente "Las vírgenes insensatas" ¿Cuál es el *objetivo* de este planteamiento? Seguramente tendrá algún propósito definido. ¿Cuál será? ¿Puede consignarlo en una oración? Esta es su proposición. He aquí tres posibilidades:

(1) Características de las vírgenes insensatas.
(2) Razones por las cuales estas vírgenes son así llamadas.
(3) Enseñanzas que se obtienen de las vírgenes insensatas.

Veamos otro texto, Génesis 22:1-14. El tema es "El sacrificio de Abraham". *¿Podría formular tres proposiciones* para este tema? Diga algo útil y de valor. *Dígalo en una oración o párrafo.*

(1) ____
(2) ____
(3) ____

Un texto más: Génesis 28:10-22. El tema es "La visión de Jacob". Haga lo mismo que en el ejercicio anterior.

(1) ____
(2) ____
(3) ____

La proposición debe ser redactada en forma clara, precisa y completa. Recuerde: *clara, concisa, completa.*

Trabajemos con un texto más, Mateo 18:23-25. "El siervo injusto". (Intente ahora que su redacción sea, además, interesante y atrayente.)

Sus proposiciones:

(1) ____
(2) ____
(3) ____

5. *Las divisiones principales.*

Estoy seguro de que usted puede dar una definición de esta parte del bosquejo del sermón. Esta porción tiene como misión desarrollar la proposición. Algunos la han llamado la revelación del tema. Así es. El tema es revelado en las divisiones principales a través de la proposición.

A continuación, se presentan algunas ilustraciones acerca de mi planteamiento:

Texto: Juan 4:7-14 "El agua de la vida".

''Algunos atributos del agua de la vida". Divisiones principales:

I. Apaga toda la sed.
II. Brota del interior del corazón.
III. Se recibe cuando se acepta.

Texto: Juan 4:1-30.

"La mujer de Samaria" (El título podría mejorarse.)

"Algunas características de esta mujer".

Divisiones principales:

I. Fue una pecadora muy notoria.
II. Fue una preguntona.
III. Fue una persona frívola y descarriada.
IV. Fue una oyente muy interesada.
V. Fue valiente testigo de su fe.

Texto: 2 Corintios 6:2

"Por qué ser *ahora* cristiano".

"Algunas razones por las cuales ser ahora cristiano".

Divisiones principales:

I. Porque hace que el pecado este lejos de su cuerpo.
II. Porque hace que su existencia se desarrolle al lado de Dios y de lo correcto.
III. Porque el Señor puede venir antes que llegue la mañana.
IV. Porque puede partir a su presencia esta noche.

Ahora se presentan algunos ejemplos entre los cuales hay algunos que *no* son correctos. ¿Podrá detectar las fallas? Escriba su evaluación aparte.

Texto: Juan 2:13-19.

"La purificación del templo".

"Razones para hacer la purificación".

Divisiones principales:

I. Como se corrompió el templo.
II. Como fue purificado el templo.
III. La señal de autoridad como purificador.

Texto: Juan 6:30-40.

"El pan verdadero".
"Características de un pan de verdad".
Divisiones principales:

I. Pan venido del cielo.
II. La forma en que este pan fue partido.
III. Resultado por comer de este pan.

Texto: Efesios 6:10-20.
"La armadura del cristiano".
"Esta armadura y su uso".
Divisiones principales:

I. El enemigo.
II. La guerra.
III. Orando y velando.

Las buenas divisiones no hacen *más* que desarrollar la proposición. ¿Cuál es el error cometido en los ejemplos dados?

Hay que procurar, en cuanto sea posible, desarrollar las divisiones principales correctamente, partiendo desde el texto y relacionándolas con el tema y la proposición.

6. *Las subdivisiones.*

Debería ser obvio que ya estemos pensando en las sub- divisiones. Se ha establecido simplemente que éstas son meros títulos que sirven para desarrollar y explicar en mejor forma las divisiones principales. Las subdivisiones cumplen con las divisiones principales tal como cumplen las divisiones principales con respecto de la proposición.

Visualice: Juan 10:1-10.
"El Buen Pastor".
"Características del buen pastor".

I. Él es una persona.
   Subdivisiones:
   1. Conoce a cada oveja por su nombre.
   2. Se preocupa por el dolor de cada una de ellas.
   3. Provee de pasto a cada una.
II. Él va adelante.

Complete los espacios con las subdivisiones. Las encontrará en el texto:
1. ______________________________
2. ______________________________
3. ______________________________

III. Él es protector:
1. ______________________________
2. ______________________________

3. ____

¿Qué pensamientos vienen a su mente al desarrollar la idea de un "Pastor personal"? Pues bien, estos pensamientos pasan a ser las subdivisiones bajo el titulo o encabezamiento de "Él es una persona". ¿Qué podría decir o que pensamiento desarrollar acerca de "él va adelante"? y que de "él es protector"? Lo que determine serán las subdivisiones. Lo que se ha dicho de la división principal, hay que decirlo de las subdivisiones. Ningún punto debe repetir otro.

7. *La conclusión.*

La conclusión es muy importante, tanto en el bosquejo como en el sermón mismo. Por esta razón debería elaborarse convenientemente y con un propósito bien definido.

Esta debería ser entregada partiendo desde la proposición y no de la última subdivisión y con un justo equilibrio.

A mí me parece que en una conclusión se pueden distinguir perfectamente tres partes. (1) Una recapitulación de la idea conductora de cada división principal, (2) una recapitulación de algunas aplicaciones personales descritas en el sermón y (3) una instancia dirigida a conmover los corazones para tomar una decisión.

Una conclusión, digna de tal nombre, tiene como propósito exponer en pocas palabras toda la fuerza del sermón predicado para que toque las conciencias y sean movidas para una actitud de aceptación y de respuesta personal.

Tarea dieciséis

Lea las preguntas y respuestas. Luego prepare dos preguntas para exponerlas en la clase.

Preguntas concernientes al bosquejo del sermón:

1. "¿Necesita usted un texto para cada mensaje?"

Esto se ha respondido anteriormente, pero digamos una vez más que hay sermones que pueden llamarse "sermones temáticos". Estos no necesitan de una referencia bíblica específica. Por ejemplo: El Espíritu Santo; La Palabra de Dios; El cristiano; La oración; etc. Desde luego que en este tipo de sermones se utilizan referencias.

Pudiera, incluso, ser que algunos de ellos llevaran un "texto inicial" pero, por ser amplios y abarcadores, no están limitados a un solo texto, sino a varios.

2. ¿Deberá cada sermón tener planteadas claramente las subdivisiones?

Esta pregunta se hace con el deseo de saber si un sermón es más efectivo sin subdivisiones y no porque se piense que el predicador sea perezoso para elaborarlas. Pienso honestamente que las divisiones principales deberían ser formuladas con claridad, y ser manejadas con acierto por el predicador. Sé que el uso de subdivisiones permite hacer más efectivo y directo este objeto.

3. ¿No será que esta indicación haga que el material preparado llegue a ser aburrido y denso?

Algunos predicadores, en muchas ocasiones predican sermones densos y sin propósitos claros. Las razones son obvias: ellos mismos son aburridos y poco claros. Un sermón bien elaborado nada tiene que ver con este tipo de fallas. Ahora, si ese mismo predicador tiene un bosquejo bien elaborado, muchas preciosas almas se interesarán por su sermón y les será fácil recordar el mensaje y seguir las enseñanzas.

4. ¿No será que este método limita la obra del Espíritu Santo? En una cita del libro de Harold Knott: *How to Prepare a Sermon*, aparece una adecuada respuesta a esta pregunta:

> Algunos enseñan que, el hecho de preparar cuidadosamente la predicación, limita seriamente la obra del Espíritu Santo. Impidiendo que este actúe y se exprese libremente. No cabe duda que estas teorías son sólo eso: teorías. Buscar la ayuda divina para preparar el mensaje y para entregarlo en el pulpito, es depender de la dirección del Espíritu de Dios. Las más grandes y célebres palabras predicadas, han sido aquellas provenientes de bosquejos preparados cuidadosamente (página 22).

Aquí están los hechos

¿Me permite hacerle algunas preguntas del capítulo que hemos estudiado? Escriba sus respuestas aparte y luego discútalas en clase.

1. ¿Podría graficar el bosquejo de un sermón?
2. ¿Cuándo es necesaria la explicación de un texto?
3. ¿Cómo afecta a los oyentes nuestra elección de un texto?
4. ¿Cuándo es un texto un pretexto?
5. ¿Qué es lo que se sugiere como método ideal para encontrar un tema?
6. Mencione tres cualidades que deben encontrarse en temas de calidad.
7. ¿Qué es lo que la introducción "introduce"?
8. Mencione tres características de una buena introducción.
9. ¿Por qué la proposición es tan importante?
10. ¿Cuál es el error más común que se comete al elaborar las divisiones principales?
11. ¿En qué manera relaciona el texto, y está presente en las divisiones principales?

12. ¿Cómo es que las subdivisiones y la proposición se asemejan?
13. Dé dos características cualitativas de una buena sub- división.
14. ¿Por qué es tan importante la conclusión?
15. ¿Cuáles son las tres partes de una conclusión?

Bibliografía sugerida

Blackwood, Andrew Watterson. *The Preparation of Sermons.* Páginas 125-151.

Jones, Bob, Jr. *How to Improve Your Preaching.* Páginas 32-46.

Jordan, G. Ray. *You Can Preach.* Páginas 101-113.

Capítulo 4

Cómo hacer un bosquejo

¡Tan sólo una vida!

No es un juego que la vida sea breve
    Y que el pecado esté presente.
Nuestros años, o terminan en amarillas hojas
    O se abaten como lágrimas por el cariño ausente,
Ni hay tiempo para recrear las horas
    En acciones serias en un mundo irreverente.

No hay muchas vidas, sólo una y una tenemos,
    –¡Una, tan sólo una al caminar! –
¡Cuán consagrada ésta debería ser,
    Frente a tan fugaz deambular!
Pero día a día se harta de hacer agobiante,
    Horas tras horas lleva en sus alas el desbaratar.

Capítulo 4
Cómo hacer un bosquejo

Creo que podemos ofrecer un valioso método que, partiendo de un texto de la Biblia, permita elaborar un buen bosquejo. Le mostraremos un camino que le permita capacitarse inmediatamente para formular un bosquejo bueno, original y lógico. El sistema que se sugiere ha sido enseñado a centenares de estudiantes por más de una década. Creo que le será sorprendentemente grato manejar las sugerencias que para su preparación se darán; salvo, desde luego, que maneje otra mejor.

Tarea diecisiete

Antes de adentrarnos en los pasos que esto involucra, me gustaría que respondiera con un buen espíritu de oración, las siguientes preguntas:

1. ¿Cree usted que es esencial tener un bosquejo para la buena entrega de un sermón? Explique.
2. ¿Cree usted que los grandes predicadores del pasado utilizaron planificaciones definidas en sus sermones? Si hace suyo este planteamiento, especifique, al menos con ejemplo de tres predicadores, su respuesta.
3. ¿Cuál es la causa de que muchos predicadores no usan bosquejos o planificaciones en sus sermones?
4. Un sermón puede convertirse en "una recitación en vez de una revelación". ¿Es por el uso de un bosquejo esta deficiencia?
5. ¿Podría comprobarse que los sermones de Pablo fueron previamente preparados? Si es así, especifique mediante ejemplos.
6. ¿Piensa usted honestamente que le sería útil en la preparación de su sermón si ya tuviera un procedimiento para elaborar un bosquejo? Si es sí, indique que tipo de ayuda sería.
7. Partiendo de la base que usted considera ventajoso un bosquejo, ¿con cuánto detalle debería elaborarlo para que sea eficaz?

Tarea dieciocho

Lea lo que sigue y haga los ejercicios al finalizar.

Los seis principios de una exposición oral.

Todos los sermones son exposiciones orales. Estos pueden variar, sus propósitos son muchos, sus resultados variados, *pero todos están dentro del marco de la exposición*. Aquí están *los seis principios*:

1. ¿Qué?
2. ¿Quién?
3. ¿Por qué?
4. ¿Cuándo?
5. ¿Dónde?
6. ¿Cómo?

Como estos seis principios conllevan un propósito definido, cada uno de ellos expone el objetivo del tema de la siguiente manera:

1. "*¿Qué?*" entrega las características o atributos del tema. Si el tema es "cielo", anotaremos las características más notables de este, tales como:
   a. El cielo es una *realidad*.
   b. El cielo está *preparado*.
   c. El cielo está *cerca*.
2. "*¿Quién?*" trata de "persona o personas" involucradas en el tema. Si, una vez más, el tema es el "cielo" anotaremos su relación con las personas, como:
   a. El cielo y *el pecador*.
   b. El cielo y *el santo*.
   c. El cielo y *el Salvador*.
3. "*¿Por qué?*" habla de las razones que se plantean en el tema. Desde luego que usted puede dar buenas e importantes razones sobre el cielo, tales como:
   a. El cielo *existe* por *el amor de Dios*.
   b. El cielo existe porque es *necesidad del hombre*.
   c. El *cielo* existe porque la *muerte de Cristo* lo proveyó.
   d. "*¿Cuándo?*" se refiere al factor tiempo. Veámoslo en nuestro tema:
   e. *Ayer Dios* preparó el cielo.
   f. *Hoy debe* prepararse para ir al cielo.
   g. *Mañana* será demasiado tarde para obtener el cielo.
   h. "*¿Dónde?*" plantea la posición o ubicación del tema. Vea lo que sigue:
   i. El cielo está al otro lado del último latido de su corazón.
   j. El cielo *está* donde los justificados ya han ido.
   k. El cielo es donde está Jesús.
4. "*¿Cómo?*" nos indica el método o métodos para lograr el propósito. En el caso de este tema, necesitaríamos saber "cómo" obtener el cielo.

a. Por aceptación del camino al cielo.
b. Caminando por el camino al cielo.
c. Llevando a otros con nosotros.

¿Podríamos asegurar sin titubeos que *todos los temas* deben ser expuestos con base en estos principios? Pregunto muy seriamente ¿Hay tan *sólo* seis cosas que podemos decir acerca de un tema u objetivo? Cuando analizamos:

1. El "qué" de sus características.
2. El "quién" de las personas involucradas.
3. El "por qué" de sus razones.
4. El "cuándo" de los elementos de tiempo.
5. El "dónde" de su posición.
6. El "cómo" de sus métodos.

¿Hay algún aspecto que no hemos considerado para su análisis en estos seis principios?

Se notará que, examinando con detenimiento lo que se ha expuesto, hay un principio integrador y abarcador en cada uno de los puntos. Por ejemplo, si una persona seleccionó un tema, ¡hablará del "qué" del tema y obviamente considerará el principio de el "quién!' Se pueden hacer otras "involucraciones" de principios, y estos no presentarán dificultad para su análisis, puesto que toda la extensión del planteamiento determinará cuál principio recibirá mayor énfasis.

Un buen conocimiento de estos seis principios de la exposición de un mensaje es esencial para formular un buen bosquejo de sermón. Ahora, si usted no está suficientemente preparado para utilizarlos, le recomiendo que los aprenda cuanto antes. ¿Cuáles son? Menciónelos en orden:

Complete las aseveraciones.

1. "Qué" se preocupa de ______________________ del tema.
2. "Quién" se refiere a ______________________ del tema.
3. "Por qué" trata de ______________________ del tema.
4. "Cuándo" plantea el ______________________ del tema.
5. "Dónde" se ocupa de ______________________ del tema.
6. "Cómo" nos indica el ______________________ del tema.

Tarea diecinueve

Lea cuidadosamente esta sección y responda las preguntas.

Los siete pasos del bosquejo de un sermón

Para obtener las siete partes de un bosquejo hay que definir siete pasos:

Paso uno: Obtener un texto.

Busque un texto interesante en el cual pueda ver la respuesta a las necesidades de la congregación. Tal texto pudiera ser Hechos 17:30-31.

> Pero Dios, habiendo pasado por alto los tiempos de esta ignorancia, ahora manda a todos los hombres en todo lugar, que se arrepientan; por cuanto ha establecido un día en el cual juzgará al mundo con justicia, por aquel varón a quien designó, dando fe a todos con haberle levantado de los muertos.

Paso dos: De este texto obtenga *un tema.*

A veces el tema es mejor conocido coma "la idea" del sermón. Este actúa de tal manera que el pensamiento central del texto, pasa a ser el tema. Antes de avanzar, ore profundamente y luego analice el texto y obtenga de él el pensamiento que esté más claramente establecido en el texto. Tal tema pudiera ser: "El juicio de Dios".

Paso tres: Mediante uno o más de los seis principios de la exposición oral, formule una proposición.

Recuerde, hemos dicho que hay tan *solo seis cosas* que usted puede decir acerca de un tema. ¿Cuáles son estos seis? ¿Cuál es nuestro tema?: "El juicio de Dios". ¿Qué es una proposición?: Una proposición es aquella porción de un bosquejo, la cual se sustenta de una oración que actúa como directriz del mensaje.

¿Quisiera plantear el "qué" del "juicio de Dios?" Cuando lo haya hecho, su proposición se leería más o menos así: "Algunas características del juicio de Dios".

¿Desea exponer el "quién" del "juicio de Dios?" Entonces su proposición pudiera ser: "Algunas personas involucradas en el juicio de Dios".

Si usted desea redactar el "por qué" del juicio de Dios su proposición pudiera leerse: "Algunas razones del porqué del juicio de Dios".

Si usted quiere formular una proposición para el principio del "cuándo", ¿cómo completaría la siguiente proposición? "El ____________ ____________________ del juicio de Dios".

¿Cómo quedaría la proposición si usara en conjunto los principios de el "dónde" y el "cómo?"

Si desea utilizar más de uno de los seis principios en la formulación de la proposición, no hay problema, puede hacerlo. En este caso bien pudiera anotarse como: "Algunas *razones* y *personas* en el juicio de Dios" o también: "Algunos *métodos* y *características* del juicio de Dios".

Nada impide que usted use tres o cuatro principios si así lo desea. Si quiere abarcar todos los principios para una proposición general, puede hacerlo de la siguiente manera: "Algunas verdades acerca del juicio de Dios".

Todos los principios están incorporados mediante el termino genérico *verdades*. O por este otro: "Algunos *hechos* concernientes al juicio de Dios".

Para algunos, estos pasos pueden parecer demasiado obvios, sin embargo, la experiencia ha demostrado que en la práctica nada es absolutamente obvio.

Supongamos que tenemos a mano el "texto de oro" de la Biblia, es decir Juan 3:16, y seleccionamos un tema de este y formulamos una proposición para un mensaje. Enuncie una pro- posición utilizando el principio de el "qué":

Complete las oraciones:

Su texto es Juan 3:16.

Su tema es: ______________________________

Su proposición se lee: ______________________________

Ahora redacte una proposición tomada del mismo texto para el principio del "por qué":

Su tema es: ______________________________

Su proposición se lee: ______________________________

Paso cuatro: Construya su división principal a través del desarrollo de su proposición.

¿Recuerda nuestro texto y el tema? Texto: Hechos 17:30-31.

Tema: "El juicio de Dios".

Le sugerimos algunas posibles proposiciones para este tema.

Usemos esta:

Proposición: "Algunas razones para el juicio de Dios".

¿Cuántas razones usaremos? No hay manera de determinar el número de éstas que usted desee desarrollar en el tema. ¿Puede pensar en tres razones acerca del juicio de Jehová? Si puede hacerlo, tendrá tres encabezamientos o títulos para las divisiones principales de un mensaje. Si lo desea puede pensar en dos, úselas. Tendrá dos divisiones del sermón. ¿Cuáles son las razones para el juicio de Dios?:

I. Porque ______________________________

II. Porque ______________________________

III. Porque ______________________________

Cada uno de estos encabezamientos son los títulos que tendrán las divisiones principales de su sermón.

Suponiendo que su proposición sea: "Algunas personas involucradas en el juicio de Dios", ¿Cómo serían sus divisiones principales? Elabore tres de ellas:

I. Porque ____

II. Porque ____

III. Porque ____

Si usted dijo en su proposición: "Algunas características del juicio de Dios", ¿cómo serían redactadas las divisiones principales?

¿Son correctas las siguientes?

I. El juicio es inevitable.

II. Dios juzgará a través de Cristo.

III. Porque el pecado debe ser castigado.

Si estas son correctas, explique por qué. Si no lo son, indíquelo. Algunos de los principios han sido determinados de antemano para que se hagan presentes en el desarrollo. Los puntos prefijados son:

a. "Porque" por *por qué.*

b. "Por" por *cómo.*

Paso cinco: Obtenga las subdivisiones mediante el desarrollo directo de sus divisiones principales.

La pregunta en este paso es: ¿Cómo obtendremos las subdivisiones? Aquí está la respuesta:

Haga que el título de la división principal actúe como un tema. Aplíquele uno o más de los seis principios de la exposición oral. ¡Esto le entregará una subproposición, la formulación de ésta vendrá a ser el título de su subdivisión!

Si nuestra división principal es:

I. La certeza del juicio de Dios.

Usted puede redactar sólo seis cosas que puede decir acerca de la certeza del juicio de Dios. ¿Cuál de los seis será? Supongamos que usamos el "por qué" ¿Cómo se leería la subproposición?

I. La certeza del juicio de Dios.

Subproposición: *Razones de la certeza del juicio de Dios.*

Las respuestas que se den a la subproposición serán los títulos o encabezamientos de las subdivisiones, tales como:

1. Porque el pecado del hombre lo requiere.
2. Porque la Palabra de Dios lo establece.
3. Porque Jesús resucitó para constituirse en nuestro Juez.

Suponiendo que el título de nuestra división principal fuera:

I. El juez del juicio.

¿Cuál sería el primer paso para obtener la subdivisión? Asumiendo que usted utiliza el principio de el "qué" para formular su subproposición ¿Cómo diría? Escríbala en la línea:

____

De esta subproposición formule sus subdivisiones:

1. ____

2. ____

3. ____

Hay otra manera para formular las subdivisiones. Si nuestro título fuera:

I. La promulgación del juicio.

Entonces puede redactar algunos de los seis principios como subdivisiones, y puede quedar así:

1. Características de este juicio.
2. Las razones para este juicio.
3. Los métodos de revelación de este juicio.

El método ya presentado es muy simple, se usan las tres subproposiciones como subdivisiones. Trate de formular subdivisiones para esta división principal utilizando *ambos* métodos.

I. Los libros de juicio.

Subproposición:

Subdivisiones:

1. ____

2. ____

3. ____

Paso Seis: Desarrolle sus subdivisiones usando los principios para "redargüir, reprender y exhortar". Ver 2 Timoteo 4:1-3.

Más antecedentes sobre métodos para desarrollar el sermón, aparecerán en el capítulo cinco. Baste decir aquí que nuestra intención es persuadir a los predicadores a que usen esta fórmula para la elaboración de las subdivisiones.

Paso Siete: Redacte una conclusión basada en la proposición. Hemos dedicado un capítulo entero a esta porción del bosquejo del sermón. Se visualizan claramente tres partes en una buena conclusión:

1. Una recapitulación de lo más significativo de lo ya dicho.
2. Una recapitulación de las aplicaciones personales tratadas en el sermón.
3. Un recurso dirigido a los corazones con el fin de persuadir.

La formulación de la introducción se deja comúnmente hasta el último paso, porque es más fácil elaborarla después; ya que se tienen a mano los elementos más significativos que queremos introducir.

Bibliografía sugerida

Garrison, Webb B. *The Preacher and His Audience.* Páginas 150-170.

Pattison, Harwood T. *The Making of the Sermon.* Páginas 51-94.

Sanders, Norred Tant Cogdill. *Preaching in the Twentieth Century*. Páginas 29-39.

Capítulo 5

El desarrollo del sermón

Para otros

Señor, ayúdame a vivir los diarios abrojos,
Para olvidar que mi carne existe;
Que cuando la plegaria haga de hinojos,
    Piense que también *por otros* tú moriste.

Ayúdame en la obra toda que hago,
A diario ser sincero y veraz.
Saber que lo que por ti hiciere en pago
    Debe ser para *que otros* disfruten la paz.

Deja que me crucifique yo mismo,
Y sepulte en lo profundo lo fútil.
Me esfuerce para salir del abismo
    Y viva para que *de otros* la vida sea útil.

Y cuando mi obra sobre la tierra quedare,
Y mi nuevo hacer en el cielo comience,
La corona olvidada dejare
    Para que aun a *los otros* mi alma aliente.

Otros, sí otros, Señor,
    Permite que sea mi caro lema:
No para mí, *para otros* el amor,
    Viviendo yo al amparo de tu emblema.

Capítulo 5
El desarrollo del sermón

Tarea veinte

Lea el siguiente comentario y responda las preguntas.

Si seleccionáramos un texto para este capítulo, sería sin duda este: 2 Timoteo 4:1-2. Este es el texto de los textos del predicador del evangelio.

Te encarezco delante de Dios y del Señor Jesucristo, que juzgará a los vivos y a los muertos en su manifestación y en su reino, que prediques la palabra; que *instes* a tiempo y fuera de tiempo; *redarguye, reprende, exhorta* con toda paciencia y doctrina.

¿Cuántas veces ha escuchado la lectura de esta escritura? ¿Ha escuchado a menudo que los predicadores invitan a ponerla en práctica? Debemos saber que el verdadero hombre de Dios nunca deja de lado la lectura y enseñanza de la Palabra. Por el hecho de ser predicadores, deberíamos por sobre todas las cosas "Predicar la Palabra".

¿Pero lo está haciendo? ¿Estamos obedeciendo el mandato divino? No podemos decir que lo hacemos por el hecho de concordar en que hay que hacerlo, tampoco porque alguien nos exhorta a que lo hagamos. ¿Será suficiente tener definido vagamente este ideal como nuestro propósito en la predicación?

Estoy seguro de que estas interrogantes, serán respondidas negativamente. Si nosotros predicásemos la Palabra tal como Pablo se lo indicó a Timoteo que lo hiciera, sin duda que tendríamos los mismos resultados que él tuvo; sin embargo, los resultados logrados por Timoteo, Tito, Pablo, Bernabé y otros, cuando predicaron la Palabra, no son de comparar con los que ahora tenemos. No obstante, hay una respuesta a tan delicada situación; y la encontramos en el texto: "Predica la Palabra". . .Cierto, pero, *¿cómo* hacerlo? Preste atención a la fórmula divina que nos ha sido dada: ". . . *que instes* a tiempo y fuera de tiempo; *redarguye, reprende, exhorta* . . .".

Y *todos* los sermones debieran incluir estos tres elementos en su desarrollo. Por tanto, es bueno que definamos estos términos:

1. "*Redarguye*" (comprueba[11]). Esta palabra no es sinónimo de "increpar o llamar la atención", como aquí está usado. Este vocablo

significa "volver a probar". Esto nos lleva a pensar en que hay que presentar una evidencia para su demostración. Se diría, entonces, que un tema no sólo debe ser probado, sino "*comprobado*".

2. "*Reprende*". "Amonestar, corregir, increpar". "Reprender", en el sentido divino, es ponernos cara a cara con nuestro pecados y errores. Concerniente a nuestro corazón es "la reprensión de Dios a través de su Palabra".

3. "*Exhorta*". Es una incitación a buscar y a ocuparse de las buenas acciones. Es la llamada a hacer algo. Después de que los hechos han sido presentados y la convicción ha sido establecida, es el momento de ordenar nuestras acciones y ponerlas en práctica.

Pedro presenta un interesante ejemplo acerca de estos tres elementos de la predicación. Esto ocurrió en el día de Pentecostés (Hechos 2:14-37).

1. "Redargüir" (Versión Reina-Valera). El argumento judío acerca de Jesús es usado por Pedro para comprobarles que Dios tenía el mejor de los planes para el hombre por medio de Jesús. Pedro demostró, mediante un maravilloso ordenamiento de hechos y evidencias que Jesús era el Cristo: "Varón aprobado por Dios entre vosotros con las maravillas, prodigios y señales que Dios hizo entre vosotros por medio de él, como vosotros mismos sabéis" (Hechos 2:22)."Reprender". Pedro trajo a sus corazones la más profunda convicción, a través de la acusación de que ellos habían crucificado al Mesías: ". . . prendisteis y matasteis por manos de inicuos, Crucificándole . . . Sepa, pues, ciertísimamente toda la casa de Israel, que a este Jesús a quien vosotros crucificasteis, Dios le ha hecho Señor y Cristo" (Hechos 2:23, 36).

2. "Exhortar". "y con otras muchas palabras *testificaba*" (una palabra que bien pudiera incluir la situación de comprobar y reprender) "y les *exhortaba*, diciendo: sed salvos de esta perversa generación" (Hechos 2:40).

Es justamente porque no hacemos uso de la fórmula y orden divinas, que fallamos en nuestras predicaciones y no tenemos una mejor respuesta a ella.

Es porque no hemos ocupado este orden divino para predicar que no hemos experimentado mejores resultados.

1. ¿Es posible, realmente, "*instar* a tiempo (con urgencia) y fuera de tiempo a las almas? Si es no, ¿por qué no? y si es posible,

¿cómo?

---

[1] Para el autor, la mejor traducción para este vocablo es comprobar, con el significado de "volver a probar", es decir: "re-probar". (Nota del traductor.)

2. Mencione tres casos en los cuales se considera innecesario ("fuera de tiempo") tener urgencia en la predicación.

3. ¿Considera que es real el hecho de que hoy no tenemos los mismos resultados en nuestras predicaciones que los obtenidos en los tiempos apostólicos? Si es así, anote dos causas.

4. ¿Cuál es el significado de "comprobar" (redargüir), usado en 2 Timoteo 4:2? Si algo ya ha sido probado, ¿cuál es la razón de volverlo a probarlo?

5. ¿Piensa que es ético "reprender" a otra persona que es igual a nosotros? ¿No estaremos cayendo en el campo del juzgar? (Ver Mateo 7:1).

6. Y si estamos persuadidos de que hay que hacerlo, ¿a qué parte de la naturaleza humana deberíamos apelar? Con esto estamos afirmando que no es suficiente apelar al intelecto humano. Entonces, ¿qué parte del hombre debería tocarse con más fuerza?

Tarea veintiuna

Lea el siguiente comentario del bosquejo. En hoja aparte responda los ejercicios.

Tomaremos nuestro ejemplo del bosquejo tal como apareció en el capítulo cuatro y veremos cómo esta fórmula se desarrolla en la práctica.

Texto: Hechos 17:30-31.

Tema: "El juicio de Dios" (El titulo puede cambiarse por otro.)

Proposición: "Algunas razones para el juicio de Dios".

I. Por el pecado del hombre.

Subproposición: Algunas características del pecado del hombre que lo llevan al juicio de Dios.

1. La obstinación.

¿Cómo se manifiesta el pecado de la obstinación?

a. ¡Pruébelo! (comprobar)

b. ¡Aplíquelo! (reprender)

c. ¡Hágalo! (exhortar)

El pecado de la obstinación, ¿necesita demostración? Esto se puede responder solamente según la necesidad que tenga nuestra audiencia. Siguiendo el ejemplo dado, diremos que este punto *necesita ser* probado y "comprobado". ¿Cómo se podrá hacer? Alan

H. Monroe en su libro, *Principles and Types of Speech*, página 221, menciona siete fórmulas para apoyar la comprobación:

1. Explicación.
2. Analogía o comparación.
3. Ilustración (ejemplo detallado).

a. Ilustración hipotética

b. Ilustración factual (del hecho).
4. Instancia específica (ejemplos sin desarrollar).
5. Estadísticas.
6. Testimonio.
7. Recapitulación.

Veamos ahora estas siete fórmulas puestas en acción, de cómo la obstinación será presentada en el Juicio de Dios:

1. *Explicación.*

No hay necesidad de dar una detallada información del tema. Lo conveniente en este tipo de cosas es hacer una simple exposición del objetivo. Algo como lo que sigue sería suficiente:

> Si Dios es un justo juez, y nosotros así lo entendemos, entonces el pecado no puede quedar sin castigo. Por lo tanto, la obstinación debe ser castigada, de no ser así la economía espiritual perfecta de Dios seria destruida. Así como un padre que ama a sus hijos expresa su amor a través de la disciplina, de la misma manera Dios manifiesta su amor para con los suyos. Esto significa que si la obstinación se hace presente deberá ser castigada.

2. *Analogía o comparación.*

Este aspecto fue presentado brevemente en el punto de arriba. A continuación, presentamos un ejemplo que podría servir para establecer este planteamiento:

> Nosotros podemos controlar las decisiones eternas, sin embargo, no podemos controlar sus resultados. ¿Ha observado la mezcla de dos sustancias químicas? Mientras estas permanecen separadas son sólo polvos secos; pero si los junta podrían producir una explosión. Después que las sustancias se han juntado no hay nada que podamos hacer para alterar los resultados. Así también sucede con las poderosas leyes de Dios. Cuando mezclamos la obstinación con la conducta de nuestra vida, no podemos impedir el juicio de Dios. Así como la ley de gravedad es inmutable, así también es inmutable el juicio de Dios. Por lo tanto, el pecado de la obstinación debe ser castigado. Tan cierto como el Sol se levanta en la bóveda celeste, así también se sentará el Hijo de justicia en su trono para juzgar cada transgresión cometida.

3. *Ilustración. (Ejemplo detallado)*

Todos hemos pasado por pruebas de todo tipo. Una historia para ilustrar este punto. Aquí hay dos o tres como ejemplos:

a. Hipotética. (Estamos seguros de que una ilustración no da oportunidad para probar un hecho, pero sirve mucho para reforzar el punto que se está tratando).

Suponiendo que alguien fuera a ofrecerme una cantidad de dinero bastante grande por cada alma que yo llevara a los pies de Cristo, ¿me esforzaría hasta lo sumo por llevar más almas a él, más de lo que estoy haciendo actualmente; a costa de sufrir desprecios, a correr el riesgo de equivocarme o a hacer el ridículo; y consideraría esto como parte de mi obediencia a los mandamientos de Dios? ¿Será que mi amor por el dinero es más fuerte que mi amor por las almas? ¿Cuál será la respuesta que *usted* daría a tan solemne pregunta?

Supongamos que yo veo a un ciego que está sentado a la orilla de un precipicio, y no hago ningún esfuerzo por advertirle del inminente peligro en que se encuentra para salvarle de una muerte segura, ¿no sería yo culpable de su muerte, si tal ocurriera?

¿No sería lo mismo que decir ante los ojos de Dios que yo lo asesine? Si la muerte del cuerpo que no fue prevenida es una cosa terrible. ¿No es mucho más terrible la muerte espiritual de muchas almas diariamente, por las cuales Dios nos puede hacer responsables?

– Tomado del libro *Soul Winning* por George B. Thompson, páginas 52-54.

b. Ilustración factual (del hecho).

Quien regula y gobierna su espíritu es el más grande de todos los conquistadores. Alejandro magno conquistó el mundo; sin embargo, no fue capaz de conquistarse a sí mismo y murió corrompido y lleno de vicios. Napoleón navegó a través de un mar de sangre para satisfacer su impía ambición; por un tiempo fue venerado como un héroe, pero el último "honor" obtenido fue morir en el exilio.

Luis XVI subió al trono de Francia poco antes de la Revolución francesa y aunque el país estaba en grave crisis económica, su corte se llenó de belleza y esplendor. Su fama floreció por un tiempo; sin embargo, no fue duradera. Poco después, aquellos que le habían alabado, reclamaron su vida. Su orgullosa mujer, la bella María Antonieta, se llevó a su ejecución atada a un carro y sentada en un ataúd, lo cual ocupó su cuerpo sin vida a los pocos minutos después.

A mediados del siglo XI vivió un príncipe mahometano llamado Saladino. Ascendiendo al trono de los antiguos faraones y dirigiendo a las tropas musulmanas, echó por tierra las invasiones europeas. La riqueza del Oriente quedó en sus manos y la suerte de millones pendió de sus labios. Pero al último murió. La común conquista de todos vino a herir la corona de su frente y arrojar el cetro de su mano.

Despertando del sueño, el sultán dijo, "Preparen y traigan mi sudario". Le fue traído y desplegado frente a él; lo contempló largamente, al último agregó, "Traigan aquí la bandera junto a la cual mi escogida guardia ha reunido las victorias". Le fue traída y en silencio sus siervos esperaron sus indicaciones. Pasado un momento dijo, "Pongan el sudario en lugar de la bandera en su asta". Lo cual fue hecho al instante. Los débiles ojos del moribundo descansaron sobre el emblema mortal, mientras colgaba de la asta alrededor del cual él había reunido a sus legiones sobre el campo de sangre. Después ordenó, "Pregonad, con acompañamientos de músicos y cantores mi funeral. Iréis por todas las calles de la ciudad y en cada esquina ondearéis el sudario y pregonaréis: 'Esto es todo lo que queda de la gloria y el poder de Saladino'".

(Ibid., páginas 148-150)

El inevitable juicio de Dios sobre la obstinación del hombre, está muy bien expresado en estas ilustraciones. Así como éstas, hay innumerables historias escritas y no escritas que pueden ayudar a este tema. Si usted no sabe dónde conseguir ilustraciones, empiece por adquirir dos o tres libros con este tipo de material. Desde luego que la Biblia debería ser la primera fuente para obtener ilustraciones. Asimismo, habrá que recurrir a libros *que las tengan y siempre sean historias que con su uso han sido probado efectivas.*

4. *Instancias específicas (ejemplos sin desarrollar).*

No es difícil desarrollar este tipo de instancia ofrecido por las Escrituras. Note:

a. El pensamiento del hombre es de continuo al mal. (Comparar Génesis 6:5). Como una alta montaña "llama" las nubes y los truenos, así las nubes de la desaprobación de Dios ylos truenos de su juicio vienen contra el pecado de la obstinación.

b. "Y los hombres de Sodoma pecaron delante de Dios" (Ver Génesis 13:13). Los yernos de Lot pensaron que él se había vuelto loco. Sin embargo, su incredulidad y ridiculez no impidió el fuego y la lluvia de azufre venida del cielo para cumplirse el juicio de Dios por el pecado de la obstinación.

c. Dos profundas tumbas, con prisa y temor, fueran excavadas, dando testimonio a la iglesia de Jerusalén que la hipocresía y obstinación no pueden quedar sin castigo. (Ver Hechos 5:1-5).

Hay muchas más instancias específicas que podrían usarse para ilustrar este punto. Debe decirse que es importante describir la instancia en forma breve y concisa.

5. *Estadísticas.*

¿Qué estadísticas se podrían utilizar para indicar que el pecado de la obstinación no puede quedar sin castigo? Quizás debería buscarse una información para cada aspecto:

a. ¿Cuántos murieron en los campos de Bet-semes por su obstinación?

b. ¿Cuántos sacerdotes u otros siervos de Dios pagaron con su vida su obstinación? (Búsquelos con cuidado hasta encontrarlos, hay varios.)

c. ¿Cuántas ciudades han sido destruidas por su obstinación?

d. ¿Cuánto oro y plata se han perdido por este pecado?

e. ¿Cuántas propiedades se han perdido?

Estas cinco preguntas nos dan en rápida sucesión antecedentes para formarnos una impresión de lo que se quiere informar.

6. *Testimonio.*

En la predicación, el testimonio no es mejor que la Palabra de Dios. Cuando pensamos acerca del testimonio, inmediatamente lo asociamos con una persona. Los testimonios mencionados en la Palabra de Dios pueden ser útiles para usarlos en muchos aspectos. Los que se mencionan en seguida son muy buenos:

a. Suponiendo que llamamos a alguien (hipotéticamente hablando) para testificar de la actitud de Nadab y Abiú (Levítico 10:1-2) quienes atrajeron el juicio de Dios sobre ellos, ¿cómo expresaría este hecho? Escoja a un levita para que testifique de ellos, ¿cómo describiría la actitud de los hijos de Aarón y el juicio de Dios sobre su pecado de obstinación? Escriba un breve párrafo en primera persona a manera de testimonio.

b. Sansón está en la prisión de los filisteos. Su cabeza luce rapada. Ya no tiene vigor físico y su relación íntima con Dios no existe. Mientras empuja la piedra de molino, medita sobre el justo juicio de Dios por su pecado: la obstinación. ¿Qué hablará consigo? Dígalo usted, pero hágalo tan cuidadosamente y real como le sea posible.

c. ¿Qué le parece el testimonio de David y su pecado con Betsabé? Lea el Salmo 51 y medite en su corazón sobre este aspecto. Lea también acerca del periodo histórico de este evento y luego formule en primera persona las palabras de David acerca del juicio de Dios sobre el pecado de la obstinación.

d. Puede hacer lo mismo con Saulo de Tarso, Judas, etc.

7. *Recapitulación.*

Este aspecto podría usarse sólo cuando ya se hubieren tratado uno o más de los otros indicadores. Cuando se detenga en algunos puntos de los ya vistos, tenga especial cuidado de expresarlos en otras palabras, pero sin cambiar la idea que encierra. De no hacerlo provocará en la audiencia la monotonía y la consiguiente falta de interés de estos por el predicador y su mensaje. Usted puede "repasar" los puntos vistos acerca de la obstinación y no ser gravoso para los demás, si es que así lo desea, y lo *desea con ganas.*

Las siete expresiones (puntos tratados) pueden ser usadas perfectamente en el primer paso del desarrollo de su mensaje. Veamos si podemos recordarlas. Ellas son:

1. ____
2. ______________________ o ______________________

3. ______________________ (______________________)
   a. ______________________ ______________________
   b. ______________________ ______________________
4. ___________ ___________ (___________ ___________)
5. ____
6. ____
7. ____

Ahora es tiempo de que haga suyos estos métodos de desarrollo del mensaje. Si no fue capaz de llenar los espacios de arriba, trabaje hasta que logre hacerlo. Usted puede salir triunfante de este desafío.

A continuación, se presenta un pequeño ejercicio de aplicación de lo que hasta ahora ha aprendido. Suponga que su punto de aprobación y de censura es: "Dios premia la justicia". Redarguya o compruebe esto de las siguientes tres maneras:

1. Por analogía y comparación.
2. Por instancia específica.
3. Por la estadística.

Tarea veintidós

Lea cuidadosamente y escriba sus ejercicios aparte.

Ahora llegamos a la segunda porción del desarrollo del sermón. ¿Cómo lo *aplicaríamos* en el mensaje? "Redarguye, *reprende*, exhorta con toda paciencia y doctrina". Todo el mensaje deberá ser aplicable. Usaremos nuestro ejemplo del bosquejo del sermón. Refresquemos nuestra memoria y reproduzcámoslo íntegramente:

Texto: Hechos 17:30-31. Tema: "El juicio de Dios".

Proposición: "Algunas razones para el juicio de Dios".

I. Por el pecado del hombre.

Subproposición: Algunas características del pecado del hombre que lo llevan al juicio de Dios.

1. La obstinación.

Asumamos que esto ha sido probado y comprobado (re- probado) por uno o más de los siete caminos sugeridos. Este esfuerzo no excederá de dos o tres minutos en la predicación – posiblemente menos. Ahora usted está listo para *aplicar* esta verdad en la vida de los oyentes. ¿Cómo se podrá hacer? Es bueno recordar que el hombre vive en dos ámbitos:

1. *Social.* En su relación con los demás.
2. *Espiritual.* En su relación con Dios.

Siendo verdadera la aplicación de la verdad tratada, esta caerá bajo uno u otro de los ámbitos mencionados.

¿Cuáles son las responsabilidades cristianas en el marco social del hombre? Esta cuestión tiene grandes implicaciones; si bien, el camino de la vida está bien delineado por nuestro Señor; por lo tanto, bueno es también tener muy presente algunas de las verdades sobresalientes que él dio en esta área:

(1) Bondad (2) Generosidad (3) Valor (4) Paciencia
(5)Mansedumbre (6) Dominio propio
(7) Amor:
a. para los amigos
b. para los enemigos
(8) Jovialidad (9) Constancia (10) Gozo

¿Dónde encontrará la obstinación su aplicación en la vida social? ¿Será en el hecho de mostrar *bondad*, *valor* o *paciencia*? ¿Se verá la aplicación de *generosidad* cuando no hay posibilidad de recibir lo que hemos dado como recompensa? ¿Podríamos señalar la necesidad del *valor* para nuestra vida diaria? ¡En cuántas maneras es necesaria esta cualidad para enfrentarnos a diario con la vida! Ya es evidente que cada una de las cualidades mencionadas anteriormente serviría para que nuestro mensaje se desarrollara fructíferamente.

Adéntrese usted mismo en esta materia. Dé tres principios que Jesús enseñó en cuanto a nuestra asociación con los demás y que hasta ahora *no*hemos mencionado:

1. ______________________________
2. ______________________________
3. ______________________________

Una palabra acerca de la manera de desarrollar esta área: Hay que ser positivo, firme, pero benigno en su reprensión, “considerándote a ti mismo, no sea que tú también seas tentado”.

Sigamos desarrollando la subdivisión; por ejemplo:

1. El pecado de la obstinación atrae el juicio de Dios.
   a. Pruébelo
      (1) Por testimonio o
      (2) Por estadística o
      (3) Por una o más de las fórmulas sugeridas.
   b. Aplíquelo.
      (1) *En la vida social del hombre.* Esta podría desarrollarse en el marco de la falta de: bondad, paciencia, dominio propio, etc. Dé algunos pasajes de las Escrituras para desarrollar este aspecto. Nunca “reprendamos” a otra criatura con autoridad humana. Anhelemos que *Dios* hable a nuestro corazón,

porque "Dios es el que en vosotros produce así el querer como el hacer, por su buena voluntad" (Filipenses 2:13). ¡Qué fácil debe ser mostrar que pecamos voluntariamente cuando nos falta paciencia!

Debe señalarse muy bien que las siete fórmulas dadas pueden ser usadas en el desarrollo de la aplicación.

(2) ¿Cuál será la aplicación en el *ámbito de lo espiritual*? Estamos seguros de que es muy difícil separar los dos ámbitos descritos. Con el objeto de desarrollar mejor la idea, tenemos que separarlos arbitrariamente. En nuestra vida social somos responsables ante Dios, de manera distinta a la de otras personas. Cuando digo esto, me refiero a las áreas de: (a) la oración; (b) el estudio bíblico; (c) la asistencia de los cultos; (d) el testificar a otros; (e) estar atentos a su presencia.

¿Qué haremos frente al pecado de la obstinación, mencionado en los puntos ya tratados? Respondamos la pregunta usando algunas posibles respuestas. Estas deben ser lo más breve que sea posible.

Permítaseme decir que el planteamiento que hagamos referente a la reprensión *debe ser* variado, tanto en el contenido como en su desarrollo. De esta manera nadie se opondrá a oír, ni el corazón se volverá en contra de la reprensión, pretendiendo que están siendo "retados".

Si su planteamiento, previamente demostrado y aplicado fue: *El estudio de la* Palabra *de Dios*, ¿cómo lo llevaría a la práctica? Suponiendo que este ya fue probado y que usted se preparó para aplicarlo, ¿cómo lo presentaría? Dé los ejemplos anotados a continuación, ¿cuál cree usted que es el mejor?

1. El estudio de la Palabra de Dios.
   a. Probado y "comprobado" por analogía o comparación.
   b. Aplicado a la vida social del hombre.
      (1) La falta *de* bondad puede ser consecuencia del poco estudio de la Palabra de Dios.
      (2) Si estudiáramos más la Palabra de Dios, tendríamos más paciencia y gozo.
      (3) Si estudiáramos más la Biblia, ¡qué amor más grande tendríamos para los demás, y aun para nuestros enemigos!

Bajo cada uno de los puntos ya desarrollados, pueden todavía formularse aspectos de las siete fórmulas anteriormente mencionadas.

1. El estudio de la Palabra de Dios.

a. Probado y "comprobado" por analogía o comparación.
b. Aplicado a la vida espiritual del hombre.
(1) ¿Cómo podemos orar a Dios y hablar con él si rechazamos las enseñanzas de su Palabra?
(2) ¿Cómo podremos hablar con acierto y éxito a los demás si no hacemos caso cuando él habla a nuestro corazón?
(3) ¿Habrá algo que desarrolle con más éxito el conocimiento de la omnipotencia de Dios y su relación con nosotros, aparte del estudio diario de su Palabra?

Llene los espacios:
1. Escogí el primer ejemplo porque: ______________________________
____
2. Escogí el segundo ejemplo porque: ____________________________
____

Ahora desarrolle su propio planteamiento sobre la "reprensión" en base a la línea que sigue:
La necesidad de la hospitalidad entre los cristianos.

Tarea veintitrés

Lea cuidadosamente el siguiente comentario y escriba los ejercicios aparte.

Veremos ahora la tercera y final porción del desarrollo del sermón. Una vez que hemos demostrado la verdad y ésta ha sido aplicada, ¿cómo lograremos acción? "Redarguye, reprende, *exhorta* con toda paciencia y doctrina". De las tres, esta es la más importante y la más difícil de desarrollar.

Una vez más quedaremos en deuda con Allan H. Monroe, por la lista que a continuación veremos, y que él llama "motivos a los cuales se puede recurrir" (Principles and Types of Speech, página 196). Anótelos cuidadosamente, ya que estos son los motivos a los que usted deberá recurrir (para una aplicación religiosa) para lograr que su audiencia actúe:

1. Adquisición y salvación
2. Aventura
3. Compañerismo
4. Creatividad
5. Curiosidad
6. Destrucción
7. Temor
8. Lucha
9. Imitación
10. Independencia
11. Lealtad
12. Disfrute personal
13. Poder y autoridad
14. Orgullo
15. Reverencia o adoración
16. Repugnancia
17. Atracción sexual
18. Simpatía

Algunos de los motivos señalados arriba, no se prestan tan bien como otros para nuestro uso, sin embargo, todos ellos están presentes en el corazón de los que nos escuchan. En cada uno de ellos hay una enseñanza implícita, posible de ser utilizada para asegurar el hecho que queremos resaltar.

1. *Adquisición (previsión) y salvación*

Seguramente la preservación de la existencia es uno de las cosas más básicas de los deseos humanos. Esta aseveración llama inmediatamente a pensar en la salvación de las almas. Este es el cimiento de cada uno de los recursos de nuestra acción, pero hay muchas cosas en nuestra vida que necesitan liberación, para que en definitiva las almas alcancen la salvación. Me refiero a aquellas cualidades que hemos dejado de lado y de aquellos pecados que necesariamente debemos abandonar para quedar realmente libres. Con estos antecedentes presentados podemos mirar objetivamente las necesidades de los hombres y recurrir al motivo preciso que dé satisfacción a las almas en nuestra exhortación o llamado a actuar.

2. *Aventura*

Este motivo es lamentablemente dejado de lado en nuestra labor, lo que no debería ser así. Nada hay que llene más completamente a las almas que una experiencia con Dios. Pero si usted no se siente conmovido por la experiencia cristiana, ¿cómo podrá actuar con éxito utilizando este motivo en favor de las almas? Ojalá nuestro corazón se sienta movido por esta tan importante verdad. De todas maneras, usted ve cómo esta motivación sirve para llamar a la acción.

3. *Compañerismo (Comunión)*

¿No es esto lo que Jesús prometió cuando dijo, "Vengan, síganme?" Esto significa tener comunión con él. Tanto el compañerismo con Dios como con los cristianos debe ser enfatizado en nuestra labor. Parecerá que no todos estos elementos son usados en cada tema; pero hay otros en que sí se usan muchos. Con un poco de "imaginación santificada" y sentido común, nos daremos cuenta de que su aplicación viene a ser obvia.

4. *Creatividad*

Esto es parte de la "imagen de Dios" que debería ser reflejada en nosotros. Todos somos constructores creadores; pero, ¿cómo estamos construyendo? ¿En qué estamos invirtiendo nuestra vida? Estas preguntas van en relación directa con este motivo. ¡Cuán incomparable es este campo para la edificación del Reino de Dios! Adelante, construyamos para la eternidad.

"Tan sólo una vida y ésta pronto pasará,

sólo lo hecho por Cristo perdurará".
"Los movibles dedos escriben;
y en un escrito los hechos quedarán.
El engaño que anula la vida, se irá;
y las lágrimas vertidas, la Palabra enjugará".

¿Qué es lo que usted dejará edificado durante su estancia en la Tierra?

5. *Curiosidad*

El hombre, por naturaleza es un investigador; desde luego que esto es una muy saludable ocupación. Pues bien, esto debemos capitalizarlo en Cristo para procurar que la religión cristiana interese a los demás y produzca en ellos un deseo mayor por la investigación. Esto implica que hay muchas cosas que conocer y hacerlas nuestras. Si nos mostramos deseosos de tales logros, otros se infectarán del mismo sentir.

Pero antes de seguir el análisis de la idea, una pregunta debe ser respondida. Me parece escuchar de ustedes en este momento: pero, *¿cómo podremos* buscar y desarrollar más y más situaciones en las subdivisiones? ¿Podremos entregar *todo esto* en tan sólo 30 minutos o en menos?

Les entiendo perfectamente, y en verdad es una buena pregunta; y más cuando esto se confronta con todo el material que se ha analizado hasta este momento. Les daré una respuesta completa y breve a esta inquietud. En primer lugar, les puedo decir que es posible incluir los tres puntos para su desarrollo bajo *cada* división principal y aún estar dentro de un tiempo razonable. Usted puede "redargüir, reprender y exhortar" bajo cada subdivisión y todavía tener a la gente dentro del marco de la atención. Esto puede hacerse realidad sabiendo *exactamente* lo que vamos a decir y *cómo* lo vamos a decir. Si usted dividió su sermón con dos subdivisiones para cada división principal, ocupara sólo tres minutos en el desarrollo de éstas y todavía le quedarán tres minutos para la introducción y cinco para la conclusión y sólo predicara por veinte minutos. Si tiene tres divisiones con dos subdivisiones para cada división principal, podría ocupar la misma proporción y predicar sólo 26 o 27 minutos.

El problema es que no sabemos exactamente lo que deseamos decir, y menos cómo decirlo; por ende, tomamos, mucho tiempo para decir muy poco. Antes que nada, me apresuro a decirle que *todos* los sermones no necesitan ni deben ser desarrollados de la misma manera. Asimismo, las subdivisiones no siempre deben ser "probadas y comprobadas". Algunos hechos son muy obvios, entonces podemos dedicar más tiempo para "redargüir" o "exhortar". La aplicación de algunas verdades es también muy evidente, entonces da más tiempo para llamar a todos a responder con acción apropiada. De esta manera, todo el tiempo será empleado en beneficio de la acción con base en la verdad.

En realidad, hay una sola regla que infaliblemente es aplicable al desarrollo: *los tres elementos divinos de redargüir, reprender y exhortar, deberán encontrarse en alguna parte durante el desarrollo de todo sermón. La audiencia y el tema determinarán dónde.*

6. *Destrucción*

Parece que dentro del hombre hay un impulso que lo lleva, tanto a destruir como a construir. Cuando este impulso conlleva a destruir lo malo, es bueno y positivo. Necesitamos desafiar a la gente a conocer que ellos pueden hacer lo uno o lo otro, construir para Cristo o "luchar contra él". Como el Divino Maestro lo dijo: "El que no es conmigo, contra mí es". Hay que unirse en la lucha contra el pecado, no contra la justicia. La idea postulada de destruir lo malo con lo correcto es una posición que debería ser alentada más y más.

7. *Temor*

Este aspecto es muy real. El temor a la eterna perdición debería estar siempre presente en el corazón y la mente del predicador de las buenas nuevas. Después de todo, ¿de qué tratan las buenas nuevas? "Que Cristo murió él para *salvar* a los pecadores". ¿Salvarles de que? Del infierno. Si no creemos que el hombre está eternamente perdido, no seremos los predicadores que Dios necesita. Todos los hombres tienen temor a algo. Dígales a que temen y el motivo de su temor. Esto, por nada del mundo debe dejarse a un lado. "El principio de la sabiduría es el temor a Jehová".

8. *Lucha*

Este sigue a la destrucción. Entendiéndose por lucha al espíritu de competencia del hombre y que puede aplicarse a la situación espiritual. Este planteamiento tiene relación con el hombre que esta fuera de la comunión con Cristo, para que se integre a esta, donde hay un propósito real y favorable de competencia. Estamos hablando de la competencia justa y leal en lo que podemos hacer para la gloria de Dios, no para la alabanza de los hombres. No obstante, el espíritu de competición está siempre presente y sería mejor ponerlo en uso que hacer caso omiso de él. Actuemos de tal manera que cada uno haga lo mejor en beneficio de otros y no para sí mismo. Pensemos además que somos siervos inútiles, aunque lo hagamos todo. Pero *no nos cansemos* de hacerlo todo en este mundo competitivo. Además, creo que Dios se agrada en esto.

9. *Imitación*

Todo un libro podría ser escrito de *Una imitación de Cristo y su gran atractivo*. La verdad es que ya se han escrito muchos tratados. El hombre está fuertemente marcado con un deseo de imitar a alguien. ¿Por qué no recurrir a la imitación de lo perfecto? Pero lo que más importa es indicar al hombre que no sólo se reconcilie con Dios, sino que se asemeje a Dios, tal como él se retrató en Jesús. Deberíamos invitar a los hombres a que se asemejen a Jesús de manera definida, sea en alguna virtud personal, o en alguna característica especial.

He apuntado sólo algunos aspectos posibles de ser usados en la exhortación. Usted deberá anotar y desarrollar los nueve restantes. A continuación, se presenta la lista de estos, usted deberá ampliarlos de la misma manera que yo hice con el primer grupo.

10. *Independencia*

Apelar a la "dignidad del hombre" es lo mismo que decir que él es una persona y que es muy importante a los ojos de Dios. Esto no es posible encontrarlo en el mundo. Usted puede explayarse sobre este punto y aplicarlo de la misma manera que los restantes.

11. *Lealtad*

¿A quién es leal? Usted, sin duda, es leal a alguien. ¿Es a Dios o a Satanás?

12. *Disfrute personal*

En Cristo se nos ha prometido gozo – gozo que es permanente.

En el mundo tenemos placer pasajero que no nos satisface.

13. *Poder y autoridad*

Nosotros podemos tener poder – maravilloso poder, sin igual poder. Este es el poder del evangelio. Tenemos con nosotros el más grande poder, mas nuestro poder y autoridad se pierden frente al poder y la autoridad de Dios.

14. *Orgullo*

Desde luego que esto nunca se referirá al orgullo de sí mismo; ya que sería justamente lo opuesto a la enseñanza de Jesús, pero hay un cierto sentido de la "paz que sobrepasa todo entendimiento" en el hecho de aceptar y seguir a Jesús. Estamos contentos de haberlo hecho y estamos contentos de decirlo. Aprobamos lo que hemos hecho porque ya Dios lo ha aprobado. Es un orgullo decirlo.

15. *Reverencia o adoración*

Como alguien ha dicho: "El hombre es incurablemente religioso". Haga que su reverencia y adoración sean significativas. Diríjalas hacia lo correcto y en forma correcta.

16. *Repugnancia*

Si el hombre es repelido por alguna cosa negativa, entonces debemos "aborrecer lo malo".

17. Atracción sexual

En Cristo podemos aprender la correcta y santa relación que debe existir entre los sexos.

18. Simpatía

Apelar a la simpatía del hombre tanto como hacer uso de ella.

Tarea veinticuatro

Aquí tiene un bosquejo en el cual está desarrollada la primera división. Su tarea consiste en escribir palabra por palabra el desarrollo de las dos subdivisiones, empleando la "redargución, reprensión y la exhortación". Una vez que lo haga, léalas en voz alta y con énfasis en la clase. Usted determina el tiempo.

Texto: Mateo 27:22: "Pilato les dijo: ¿Qué, pues, haré de Jesús, llamado el Cristo?

Tema: "¿Qué haré con Jesús?"

Proposición: Una consideración de las respuestas de algunas *personas* a esta pregunta.

I. La respuesta de Pilato: "Yo la evadiré".

Subproposición: Características de la respuesta de Pilato.

1. Ilógica. Él no podía hacerlo.
   a. Redargúyalo (compruébelo).
   b. Reprenda (Recuerde el mandato divino "urgente".)
   c. Exhorte.
2. Fue rechazo.
   a. Redargúyalo (compruébelo).
   b. Reprenda (Recuerde el mandato divino "urgente".)
   c. Exhorte.

II. La respuesta de Marta. Ver Lucas 10:38-42 "Yo no lo atenderé".

Subproposición: Características de la respuesta de Marta.

1. Vino de una "buena mujer".
   a. Redargúyalo (compruébelo).
   b. Reprenda.
   c. Exhorte.
2. Fue rechazo.
   a. Redargúyalo (compruébelo).
   b. Reprenda.
   c. Exhorte.

Bibliografía sugerida

Gibbs, Alfred. *The Preacher and His Preaching*. Páginas 267-286. Knott, H. H. *How to Prepare a Sermon*. Páginas 98-114.
Luccock, Halford E. *In the Minister's Workshop*. Páginas 148-163.

Capítulo 6

La entrega del sermón

Lo mejor

Cristo desea lo mejor. En el pasado
Demandó los primogénitos del rebaño,
y lo más puro de la sementera.
Hoy pide a los suyos, con el más gentil ruego,
poner sus caros anhelos y preciados talentos
a sus divinos pies.
Él no olvidará ni los pequeños servicios,
ni al más humilde amor ofrecido.
Dios pide tan sólo que lo nuestro lo demos a él,
lo mejor de nuestro modesto ser.
Cristo da lo mejor. Recibe los corazones
que sin limitaciones se ofrecen.
Los llena con su inefable hermosura,
y los adorna con gozo, paz y amor;
Hace que en el servicio crezcan con más fuerza,
al llamado de una gran realización.
Nos da preciados dones en la Tierra,
y lo más sublime arriba en el azul.
Tesoros escondidos con Cristo en Dios
hemos lo mejor en Jesús recibido.
¿Es lo nuestro mucho mejor? ¡Oh, amigos
recordemos sin demora,
cómo el Divino ofrendó su vida preciosa,
en plenitud de misteriosa fortaleza,
por nosotros en el cruel madero!
El Señor de señores, por quien el orbe
fue hecho de la nada en los albores,
nos dio, mediante el dolor y las amargas lágrimas,
el mejor don jamás dado:
Se dio él.

Capítulo 6
La entrega del sermón

Tarea veinticinco

Lea este planteamiento con mucha oración y luego responda las once preguntas.

¡Hasta este momento el sermón ha estado muerto! ¡Ah, pero puede vivir en su corazón y en su mente! Sin embargo, no ha cobrado vida todavía en aquellos para los cuales el sermón fue preparado. Sólo en el momento cuando se entrega el mensaje, es cuando llega a ser una cosa viviente – y un sermón debe tener vida. Cada mensaje debería tener vida en sí mismo. Cada sermón debe tener una presentación especial y un objetivo particular. Pero éste nunca podrá concretarse mientras no sea entregado convenientemente. Nunca podremos enfatizar en palabras la importancia de una buena entrega de la predicación. ¿Desea realmente usted con todo su corazón tener una efectiva y eficaz entrega de su sermón? Entonces responda estas preguntas dejando a un lado todo prejuicio negativo.

1. ¿Cree usted realmente que la mayor parte de los oyentes están "sentados al borde de la banca" esperando a que usted les hable?

2. ¿No es verdad que casi todos de los oyentes están mucho más interesados en ellos mismos y en sus intereses, que, en usted, como predicador?

Siendo esto así, si usted no atrae su interés y atención ¿no sería mejor que todos se quedaran en casa?

3. Si usted cree que es bueno que los oyentes sean estimulados a que tengan una real participación, ¿no es verdad que, si usted no dice lo que tiene que decir en una *manera conveniente*, no tendrá ni el interés ni la atención de ellos?

4. Siendo esto una realidad, ¿está usted honestamente de acuerdo en que *lo más importante* de la predicación es su entrega?

5. Vea usted si puede concordar sinceramente con esta conclusión. Yo he leído últimamente 25 libros sobre homilética y otros tantos sobre la entrega del sermón, pero tengo todavía que encontrar un conjunto de reglas que sean de real valor en el tema que nos ocupa. Las reglas son para los que tienen algo que entregar y no para quienes nada pueden ofrecer. Las personas poseen variadas habilidades y modos de expresión que le son

innatas. Por eso, las reglas que se aplican a todos los predicadores llegan a ser una sola: *sea urgente*. Después que uno ha aprendido esto, entonces planificara de la mejor manera su labor en beneficio de la diligente y urgente misión que se le ha encomendado. Sin embargo, si no está de por medio esta divina urgencia, todas las reglas que se empleen no tendrán ningún valor. Esto es muy importante. ¿Está de acuerdo con esta conclusión?

Usted no necesita expresar su "diligencia" de la misma manera que yo lo haría o de la forma que otros la hicieran; no obstante, si la gente escucha y atiende a su mensaje, este *debe ser entregado con "urgente diligencia"*. El tipo de diligencia variara según el tema del mensaje; y el mismo cielo le indicara en el momento oportuno *lo mejor* – "urgente diligencia". ¿Cree usted esto?

6. ¿Por qué no pone mayor diligencia en su predicación? ¿Dejemos de lado la falta de urgencia en su predicador, su maestro y su amigo, y, anote con toda honestidad tres razones por las que *usted* no tiene tal "urgencia"? ¿De qué manera se descarta o se deja sin valor la "urgencia"?

1. ______________________________
2. ______________________________
3. ______________________________

7. ¿Cree usted realmente que es posible para todos los hombres actuar diligentemente? Estoy seguro que usted conoce a personas que nunca se sienten motivadas por nada. ¿Cómo podrán éstos ser impulsados a una acción diligente?

8. Escriba tres cosas que usted cree que le servirán de real ayuda para desarrollar la "urgente diligencia" en sí mismo:

1. ______________________________
2. ______________________________
3. ______________________________

9. ¿Ha estado usted en un accidente automovilístico, en un incendio o en algún otro tipo de cosa que le ha provocado una crisis emocional? Si fue así, ¿cuándo podía relatar lo acontecido con lujo de detalle y convencer que fue una realidad? ¿No fue brevemente después del hecho? ¿Sería posible que reviviera los hechos en su mente y los relatara con veracidad? Si esto fuera real y así lo tiene usted entendido, ¿no está en directa relación la urgencia con la realidad? En otras palabras, usted no puede mostrar más realidad en su intervención frente a sus oyentes, que la realidad que hay en usted. Entonces, la urgencia con la realidad llegan a formar una amalgama esencial, realizable y de calidad. Desde luego que, si usted no tiene cuidado de revivir la experiencia en usted mismo o en sus

oyentes, entonces no será realizable ni diligente su expresión. Pero concedo que usted desea que el oyente vea, escuche y sienta con usted esta experiencia. Es la *realidad* que da la entrega de su sermón su *urgencia*. ¿Está sinceramente de acuerdo con este planteamiento?

10. Ahora analice con honestidad lo siguiente, ¿cómo es que a veces las cosas menos importantes le parecen más reales que las de más importancia? Tal vez usted sea diferente a nosotros; pero de algún modo la verdad de la Palabra de Dios está lejos de ser viviente, latiendo y haciéndose una realidad para todos, aunque estemos anhelando que así sea. ¿Por qué se dan las cosas así? ¿Será que no vivimos en el mundo correcto? Vivimos en la materia física, en un mundo carnal, mientras las verdades que predicamos son de arriba. Porque "los que son de la carne piensan en las cosas de la carne; más nosotros no vivimos según la carne . . ." (Ver Romanos 8:5, 9). Resumiendo, creo que usted convendrá conmigo en que simplemente "no tomamos tiempo para ser santo". Toma tiempo hacer que estas verdades que predicamos adquieran vida, sean el camino y la inspiración real en nuestro corazón. Una pregunta más:

11. ¿Está usted dispuesto a pagar el precio que costará desarrollar los hábitos que permitirán que usted predique esta realidad con la diligencia necesaria a los que le escuchan? Antes de que responda, tengo que decirle que el precio es enorme. Pero no es más el costo para un actor profesional, ni más el costo de una profesión "terrenal" lo que tendrá que pagar el ministro. Le tomará tiempo, energía, oración, práctica, desilusión, desaliento y turbación; pero hacer que una sola verdad de Dios cobre vida en todo su esplendor en alguien que nunca lo ha vivido será más que una gran recompensa. ¿Está usted preparado para entregarse por entero a esta tarea? (Su respuesta escrita es de mucha importancia, pero lo que quede grabado en su conciencia del gran libro del Señor es lo más importante.)

Tarea veintiséis

Lea cuidadosamente lo siguiente y responda aparte los ejercicios.

Aquí tiene el cómo puede desarrollar en buena forma su predicación. Tome nota de lo que sigue:

Usted debe visualizar los hechos antes de mostrarlos a otros. Usted debe escuchar los hechos antes de que los escuchen otros. Usted debe probar las cosas antes de que otros las prueben. Usted debe clamar antes de que otros clamen.

Usted debe manifestar su alegría antes de que otros la manifiesten. Lea y medite en esta tan familiar escritura:

Y cuando aún estaba lejos, lo vio su padre, y fue movido a misericordia, y corrió, y se echó sobre su cuello, y le besó.

–Lucas 15:20.

¿Es *real* este versículo para usted? Lo que quiero dar a entender es, ¿se conmoverá su corazón al leerlo? ¿Qué hará para que sea una realidad en usted? Obviamente, esto es posible sólo si se familiariza por completo con esto hasta que pueda sentir como el padre lo sintió, ponerse las sandalias que el muchacho traía en su regreso a casa. Sólo cuando estos sentimientos sean suyos, entonces será capaz de transmitirlo a los demás con éxito. No obstante, hay principios muy definidos que debemos usar para dar realidad a estas palabras. Observemos algunas de ellas:

a. Estudie el texto frase por frase. Si lo hacemos así, podremos separar el versículo de la siguiente manera:

(1) "Y cuando aún estaba lejos,
(2) lo vio su padre
(3) y fue movido a misericordia,
(4) y corrió,
(5) y se echó sobre su cuello,
(6) y le besó (En griego "le besó mucho")

De esta manera tenemos seis cuadros separados para pintarlos en las tablas de nuestro corazón.

b. Apele directamente a la imaginación de sus oyentes. Actúe de tal manera que ellos "experimenten" lo que usted experimentó. Tenga presente que deberá instarlos a que esto se manifieste nítidamente en sus *siete* sentidos. Veamos:

(1) *Visual.* Significa que ellos vean a través de la imaginación cada uno de los vocablos del texto.

(2) *Auditivo.* Se refiere, obviamente, a que ellos escuchen. ¿Podrán ellos "meterse" de tal manera en su descripción que puedan "escuchar" al padre hablando a su hijo, y éste respondiendo a su padre?

(3) *Gustativo.* Que ellos gusten y saboreen. La verdad es que en este versículo no se hace alusión a la comida ingerida por el hijo pródigo, sin embargo, la información se encuentra en los últimos versículos. Su labor consiste en lograr que sus oyentes sientan el impacto de los jugos gástricos en su estómago, al hacer la descripción de la comida.

(4) *Olfativo.* Recordemos que los olores que emergen de este cuadro son realmente vívidos y más claros que todos los otros sentidos.

(5) *Táctil*. Alan H. Monroe en su *Principles and Types of Speech*, página 420, divide este sentido de la siguiente manera:

(a) Textura. Se refiere a cuan áspera, lisa, seca, húmeda o viscosa es una cosa.

(b) Presión. Tiene relación, en primer lugar, con las sensaciones físicas de presión, sin olvidar la presión emocional que también puede ser experimentada y descrita.

(c) Calor o frío. Esto se refiere al aspecto térmico imaginativo de las personas. ¿Tiene a sus oyentes embebidos en la descripción que usted les hace?

(6) *Extensión muscular*. Esto puede concretarse si usted tiene cuidado de "poner" en el corazón de la audiencia las palabras adecuadas. ¿Ha levantado alguna cosa con exceso de peso, y tenía que soltarla cuando no deseaba hacerlo? ¿Cuál fue la sensación en sus dedos y brazos una vez que dejó en el suelo la carga?

(7) *Orgánico*. Tiene relación con las sensaciones internas de los individuos. La nausea podría ser lo más extremo de esto. El hambre, el vértigo y otras sensaciones pueden ser descritas con tanto realismo que los oyentes pueden participar por completo en ellas.

Repitamos los siete sentidos recién descritos. Si no los aprendemos de memoria, no tendrán ningún valor en nosotros. Además, debemos estar en condiciones de describirlos uno por uno correctamente. Ellos son:

1. ____________________
2. ____________________
3. ____________________
4. ____________________
5. ____________________
   a. ____________________
   b. ____________________
   c. ____________________
6. ____________________
7. ____________________

¿Cómo se relaciona esto con nuestro texto? A esta altura esto debería ser obvio.

Tarea veintisiete

Deje que cada estudiante describa las circunstancias del texto Lucas 15:20, mediante una cuidadosa definición y haciendo uso, hasta donde sea posible, de los siete sentidos. Si puede llevarlos a una descripción imaginativa del texto,

tanto mejor. Todo lo que tenga que hacer, hágalo con diligencia y entusiasmo sin perder de vista la verdad que se está analizando.

Que la mitad de la clase tome el texto desde el punto de vista del padre, y la otra mitad del hijo. Conviértase (*imaginariamente*) en el padre, asuma también el papel del hijo. Siéntalo, experiméntelo, expréselo. Esta descripción no debe sobrepasar los cinco o seis minutos, y debe ser escrita palabra por palabra y luego leerse con énfasis, como conviene a tal situación; o si lo prefiere, puede hacerlo de memoria teniendo con usted un pequeño bosquejo.

Tarea veintiocho

Para recrear más textos vea los que a continuación se detallan. Creo que le serán de mucho provecho:

(a) Lucas 16:23. (b) Lucas 18:11. (c) Hechos 8:38. (d) Hechos 16:26. (e) Romanos 5:1-2. (Observe que uno de los textos no incluye eventos físicos que pudieran representarse. La Justificación – "paz con Dios" – son situaciones muy reales que necesitan presentarse no sólo a los oyentes, sino en primer lugar a nosotros mismos.)

Nuestro propósito de esta tarea es avanzar en la preparación para una mayor efectividad en la entrega del sermón. Existe sólo *una* manera en que podemos experimentar la realidad de lo que escribimos o hablamos: En primer lugar, debemos manejar los principios usados en la descripción de la verdad que queremos presentar; (esto ya lo hemos considerado) y en segundo, practique, practique y practique más. Estamos propensos, a entregar el mensaje de manera monótona y aburrida. Las razones no son muchas, sólo una: el mensaje *no es real a usted*. Por algún motivo no vemos ni nos damos cuenta cuán importante es que el mensaje vibre y tenga relación directa con la realidad. Espero que de alguna manera usted entienda la trágica situación aquí presentada. A continuación, voy a presentarle parte de un mensaje de James Earl Ladd, que se intitula "Diez segundos después de la muerte". Deseo que usted recrea la verdad contenida en este sermón tanto para usted como para sus oyentes. Usted tendrá que visualizar su audiencia. Para hacer esto necesita "meterse" dentro del contenido del sermón. Recurriendo a los siete sentidos, debe utilizar palabras que le "transporten" a usted, para que luego su audiencia "se meta" en las diversas fases del mensaje. Nosotros ya lo hicimos en nuestra clase. A continuación, se presenta parte de la introducción con la verdad desarrollada por tres estudiantes:

"Diez Segundos Después de la Muerte"

Introducción

Poco antes de su muerte, Tomás Alva Édison, estaba haciendo un delicado e importante experimento en su enorme laboratorio en el sótano en East Orange, Nueva Jersey. Tenía su gran máquina calibrada de tal manera que si la temperatura variara sólo una fracción de un grado de más o de menos cambiaria la lectura del instrumento lo suficiente para estropear el particular experimento. Edison había gastado miles de dólares para montar este experimento, y justo en el momento más crucial sintió en su espalda un vientecito. La puerta se había abierto y allí estaba un periodista con papel y lápiz solicitando una entrevista. Cómo burló la guardia, nadie lo sabe. Miró el instrumento.

La temperatura estaba subiendo; los instrumentos marcaron velozmente los cambios de medición. Miles de dólares se iban por la ventana.

El reportero sonrió y le dijo, "He venido, señor, por una entrevista. ¿Que está usted haciendo?"

El Señor Edison respondió: "Esto es confidencial. Se lo diré si sale inmediatamente. ¿Ve aquellos recipientes, los tubos y los contactos en el reóstato? Tengo una máquina a través de la cual soy capaz de hablar con los muertos".

1. *Produciendo la realidad para uno mismo.*

Imagínese que está usted sentado delante del panel de instrumentos en medio de complicados equipos eléctricos y cables. Se da cuenta que, mientras está sentado allí con sus ojos fijados en el panel, se está acercando a la culminación del proyecto más importante de su vida y que no hay que perder el tiempo, ni la energía ni los miles de dólares que están en juego. Imagínese sentado allí, contemplando profundamente ese enorme desembolso de recursos materiales y físicos, lo delicado de los equipos y el complejo manejo de estos, situación tan delicada que el más leve cambio de temperatura podría arruinarlo todo, asimismo la magnitud del triunfo si todo resultara bien.

Con estos pensamientos en su mente vea y , sienta la singular mezcla de sensaciones de ansiedad, temor, expectación, esperanza y gozo que bulle en usted. Sienta y manifieste la tensión nerviosa que le hace transpirar cuando sus ojos escudriñan los cuadrantes de los relojes marcadores registrando temperaturas y resistencias, y entregando otras informaciones. Usted, entendiendo tal situación, se da cuenta de que la hora cero esta próxima. Recuerda que todas las entradas están custodiadas, de tal manera que nadie puede entrar a su laboratorio del sótano durante el experimento y destruirlo. Sin embargo, cuando el experimento está por comenzar, siente una corriente de aire que sopla en su cabeza, al ser abierta la puerta que da acceso al laboratorio. Con horror y ansiedad observa las agujas saltar en los cuadrantes. Frente a tan desgraciada situación se da cuenta de que miles de dólares y horas y más horas de arduo trabajo han volado por la desdichada puerta.

Se vuelve rápidamente para reprender duramente a quien se ha atrevido a interrumpirle en el momento más crucial del experimento, y se da cuenta que tal persona es un reportero que con papel y lápiz en mano está parado delante de usted.

Ahora póngase en la posición del reportero. Piense cómo usted ha planeado y soñado con un momento tan especial como este, el cual, sin duda, le significará una excelente promoción para darse a conocer como profesional. ¡Una entrevista con un gran inventor durante la realización de tan grande y secreto experimento! Vea y sienta usted mismo la sonrisa amable dentro de un notorio nerviosismo, mitad inocencia, mitad desatino, preguntando tímidamente, ¿Qué está haciendo?

Una vez más tome el lugar de Édison, cómo él cambia su actitud rápidamente para responderle de una buena manera. ¿Cómo podré quitarme de encima a este individuo antes que me ha echado a perder el experimento, arruinándolo? Y luego recapacita y se dice, "Si le contara alguna historia fantástica y ficticia, saldría como un bólido a entregar la noticia". Reacciona calmadamente y con una 'ofendida' actitud dice, "¿Ve estos instrumentos, estos recipientes, tubos y alambres, estas resistencias y reóstatos? Pues bien, con estos aparatos ¡voy a hablar con los muertos!"

2. *Produciendo la realidad del sermón para nuestros oyentes.*

Use su imaginación y piense en Tomás Édison, mirándolo en su mente, y luego piense en las grandes e importantes cosas que él hizo. Vea como él baja los peldaños en dirección a su laboratorio del subsuelo, cuando él abre la puerta, entra al cuarto y se sienta en su silla colocada previamente frente al panel de control de la valiosa máquina de su izquierda. Mueve sus manos como si tocara uno o dos dispositivos de los marcadores y luego se echa hacia atrás y se relaja; sin embargo, rápidamente recobra la tensión perdida. Mira largamente las agujas de los relojes marcadores hasta que se asegura de que todo está en la posición deseada, para luego comenzar la ansiada prueba.

Observe al anciano cuando está a punto de comenzar la prueba decisiva y vaya con él, de tal manera que su mente se vuelva hacia los preparativos, el inmueble, la máquina, el control de temperatura del edificio, los hombres que trabajaron fielmente por muchas horas, y en el sacrificio personal del científico. Sienta la excitación que se respira cuando un gran evento está pronto a suceder. Luego póngase en el caso de Édison cuando éste repentinamente siente que un temor repentino se ha apoderado de él, cuando siente que una fría corriente de aire sopla en su cabeza.

Gire junto con él la cabeza y vea delante de usted al joven reportero con su abrigo, terno y sombrero. Asómbrese con Édison de cómo éste consiguió burlar a los guardias. Mire atrás de usted los agitados movimientos de los instrumentos sobre el tablero. Aprecie el calor extraño que ha aparecido y cómo éste va en aumento. Considere ahora lo que este cambio imprevisto puede costar; el incalculable esfuerzo de muchas personas que trabajaron por semanas e incluso meses para una buena preparación, y el alta suma de dólares gastados en maquinaria e inmueble. Dese cuenta de cuán importante es que el intruso salga inmediatamente; de otra manera todo estará perdido. Piense en las punzantes palabras que podrían lanzar a aquel hombre fuera, y en que la decisión deberá tomarse en segundos o si no, será demasiado tarde.

Escuche las palabras del reportero cuando dice: "He venido, señor, por una entrevista. ¿Qué está haciendo?" Entonces toma aliento y se relaja lo suficiente, de manera que pueda responder lo adecuado a fin de quitarse de encima al individuo. Habla lenta- mente, como si tal situación no le pareciera tan seria. "Esto es confidencial, nadie lo sabe; se lo explicaré si sale inmediatamente."

Ahora póngase en el caso del reportero. Piense en toda la gloria que será suya si puede conseguir la información del hombre que está delante de usted. Escuche sus palabras, cuando él se refiere a que puede escuchar a los muertos. Piense en todas las grandes cosas que podría aprender. Piense en lo que podría significar todo esto para la ciencia. Relájese un poco y luego apresúrese a concordar con lo que el científico dijo.

3. *La realidad revelada.*

Usted mismo es Tomás Édison, se levanta en la mañana; sus cansados huesos hoy no crujen como habitualmente sucede. Luego se pone su ropa; no se preocupa de afeitarse una vez más. Baja, levanta el plato con los huevos, come rápidamente y sale en dirección al antiguo garaje. Los dos policías que están en la puerta, le saludan y le abren la puerta. Entra al garaje, y allí otro policía quita el cerrojo de la cerradura y le guía por la larga escalera. Prosigue sus pasos hasta llegar a la pesada puerta que se abre. Entra al cuarto que está bien iluminado con muchos tubos fluorescentes que cuelgan en lugares estratégicos. Sus asistentes le saludan y usted responde con un movimiento de cabeza, para luego ocuparse del plano técnico.

"Esta es la mañana cuando haremos la prueba más importante", le dice al encargado de los controles del gran panel negro que está provisto de extraños cuadrantes, relojes y esferas. "Sí Señor", le responde. Después observa los marcadores de un tablero, luego empieza a tomar los controles que hacen que se eleve o baje la temperatura del cuarto. Indica a sus asistentes que salgan del laboratorio y luego comienza a maniobrar para dejar lista la operación y empezar el experimento. Durante todo ese tiempo la preocupación se aprecia en su rostro, pensando que nada malogre el nivel de temperatura que cause la temida reacción química. Esa fue la razón por la cual pidió a los asistentes que abandonaran el cuarto.

Cuando todo está listo y en orden, la tensión se empieza a notar en sus músculos. Luego el pequeño termómetro de la izquierda comienza a moverse lentamente, luego más rápido para quedar con un marcado magnetismo. Entonces la corriente fría de aire desordena su cabello, entiende que la puerta ha sido abierta. Se vuelve y ve a un reportero en la entrada prohibida, afirmado en la puerta. Es un avispado joven con un viejo sombrero de fieltro colgándole atrás con las puntas vueltas arriba y su libreta en la mano. Él le dice a usted con voz suave pero segura, "He venido, señor, para una entrevista".

Cuando vuelve de nuevo a mirar las esferas de los instrumentos, se da cuenta de que, si no hace algo inmediatamente, todo el barrio de East Orange, Nueva Jersey, dejará de existir. Además de esto, piense en el dinero que se perdería, las incontables vidas perdidas, incluyendo, desde luego, la suya.

Ahora conviértase en el reportero, de tal manera que esté parado triunfante en la entrada, sin percatarse del serio peligro en que está y el terrible mal que causará a los demás, teniendo presente el hecho de la jactancia por estar ahí y tener una oportunidad que ningún otro ha tenido durante mucho tiempo – una entrevista con el señor Édison. Ahora escuche cuando él dice que la máquina del laboratorio permite hablar con los muertos. Después que la tensión ha terminado; se vuelve, atraviesa la puerta, sale a la calle y se apresura a llamar a su editor por el teléfono más cercano.

El propósito de este tipo de ejercicio es desarrollar la capacidad mental en el interés y la habilidad para dar a la realidad el énfasis que conviene a *cada sermón.*

Lo primero es que el bosquejo esté hecho. Sin embargo, usted tiene sólo el esqueleto; ¿Estará hecho para que tenga vida? Predicador, ¿tendrán vida estos huesos secos? No por el hecho de consultar el bosquejo por unos minutos una o dos veces y pensar, esperar y orar en las ideas expresadas, vendrá a usted "de sopetón" el material restante. ¿No sería mejor escribir un sencillo diseño, para de ahí partir y favorecer la realidad que se desea exponer? ¿No sería mejor darle vida a nuestra acción con base en las ideas y métodos que aquí se están sugiriendo? Ahora, si usted desea realmente agradar a Dios y alcanzar los corazones de su audiencia, ¿podría hacer más para lograrlo?

Permítame ayudarle con la primera o segunda frase de la primera división de este mensaje y luego usted prosiga con el resto.

I. Diez segundos después de morir habré entrado a una vida nueva y mejor.

¿Qué me sucederá diez segundos después que yo muera? Creo, damas y caballeros, que diez segundos después que yo muera habré cruzado el umbral para entrar a una vida más nueva y mejor.

Subproposición: Razones por las cuales confío en esta nueva y mejor vida después de la muerte.

Subdivisión: 1. Esta es una conclusión razonable.

Compruebe mediante analogía o comparación.

Hace años el Doctor Alexis Carrel tomó algunas células del corazón de un pollo. Puso las células dentro de una jarra devidrio. Él había inventado un termostato que permitía que la temperatura se mantuviera constante. Tenía una máquina que bombeaba un caldo de carne de res y gelatina para alimentar el corazón del pollo. Tenía, además, una bomba succionadora cuya misión era eliminar los residuos del metabolismo del tejido celular – la espuma era absorbida por completo. Por más de 20 años mantuvo vivo el corazón en el tubo de vidrio.

Espero que tome ejemplo, con lo planteado, para los efectos de la etapa de "reprender". Esto no deberá ser difícil, sin embargo, antes de que lo haga, sería mejor que trabajara los valores de la historia anteriormente presentada. A continuación, verá cómo lo hicieron algunos estudiantes. En primer lugar, veamos los aspectos históricos acerca del Dr. Carrel para establecer la realidad del personaje:

> Carrel, Alexis, 1873-1944, cirujano norteamericano y biólogo experimental, nació cerca de Lyons, Francia y obtuvo su título de médico en la Universidad de Lyons en 1900. Llegó a los Estados Unidos en 1905. Se unió al equipo del Instituto Rockefeller en 1906, del cual fue miembro de 1912 a 1939. Recibió el Premio Nobel en Fisiología y Medicina en 1912 por su trabajo en sutura de vasos sanguíneos, transfusiones y trasplantes de órganos. Durante la primera guerra mundial desarrolló junto a Dakin un método de tratamiento de heridas mediante irrigación con solución de hipoclorito de sodio. Con Charles A. Lindbergh inventó un corazón mecánico o artificial – una cámara de vidrio esterilizado mediante la cual bombeaba un fluido que contenía una sustancia alimenticia y oxígeno. De esta manera, logró mantener viva un número surtido de tejidos y órganos. Durante32 años mantuvo vivos unos pedazos de tejido de un corazón de un pollo. En 1939 regresó a Francia.

Escribió la obra "*Man the Unknown*" (1935) y con Lindbergh, "*The Culture of Organs*" (1938). (*The Columbia Encyclopedia*, página 328.)

El doctor Alexis Carrel fue un ferviente cristiano e hizo los siguientes planteamientos en cuanto a la oración, en un artículo aparecido en *The Reader's Digest*, "Twentieth Anniversary Anthology". 1941, páginas 104-106:

La oración es una fuerza tan real como lo es la fuerza de gravedad. Durante mi carrera profesional he visto a hombres enfermos que después de haber probado variadas terapias sin éxito, se levantaron de la postración y melancolía totalmente recuperados mediante la oración. Este es el único poder en el mundo que puede vencer a la llamada 'ley natural'. A esas ocasiones en que la oración ha producido estos maravillosos efectos, se les han llamado 'milagros'. Sin embargo, constante- mente y sin aspavientos los milagros suceden a toda hora en el corazón de hombres y mujeres, que han descubierto que la oración les provee de una fuente constante de poder para su vida.

Hoy, como nunca, la oración es una necesidad prioritaria en la vida de los hombres y de las naciones. La falta de énfasis en las cosas espirituales, ha llevado al mundo a la era de la destrucción. Nuestra más significativa fuente de poder y perfección ha sido dejada lastimosamente a un lado. La oración, ejercicio básico del espíritu, debe ser practicada continuamente en nuestra vida privada. La desnutrida alma humana debe ser fortalecida de tal manera que pueda alcanzar el justo valor que debe tener. Ahora, si el poder de la oración se hace presente y es práctica diaria de hombres y mujeres y, si el espíritu se manifiesta clara y decididamente en ellos, quiere decir que aún hay esperanza de que nuestras oraciones en favor de un mundo mejor sean respondidas.

Por consiguiente, esta es una descripción que favorece el valor real de la historia. Ahora, si usted nunca se ha explayado y ha presentado sólo palabras sin orden, ¡qué gran diligencia deberá poner en su exposición!

Visualice a alguien que está pronto a cruzar los umbrales a una nueva vida: es un joven que sale de la iglesia después de su boda. Véalo cómo conduce su coche en dirección a su nueva casa; obsérvele cómo levanta a su linda esposa y la porta en sus brazos para entrar a su casa. La verdad, es que le parece que está cruzando los umbrales para entrar a la mejor de las vidas.

Vea al doctor Carrel cómo observa detenidamente el corazón del pollo que está delante de él, y luego véale cuando levanta su afilado bisturí y corta una buena parte de aquél y lo coloca en la jarra de vidrio que tiene preparado; junto a éste está el termostato que le permite mantener o subir la temperatura, un instrumental que bombea el caldo y la gelatina y, por último, aquel que succiona el material ya consumido. Observe el corazón del pollo y tenga presente los años que van pasando – uno, dos, tres, cuatro, cinco; está aún vivo y sigue creciendo.

¿Por cuánto tiempo podrá continuar así? ¿Será indefinidamente? Transcurrieron 20 años desde que el corazón fue puesto en la jarra de vidrio.

Sin embargo, hay otra sección del sermón. Vea usted cómo puede darles significación a estas palabras. Sería mucho mejor si éste fuera su sermón y sus palabras. Si usted puede hacerlo con el mensaje de otro, estoy seguro que podrá hacerlo con el suyo. Recuerde, recurra a sus siete sentidos y a los de sus oyentes.

II. Diez segundos después que hemos muerto nuestro destino está fijado.

Subproposición: Características de nuestro destino después de la muerte.

Subdivisión: 1. La suerte de los perdidos.

Compruébelo por testimonio. ¿Qué dice (el Señor) en el capítulo nueve de Hebreos, versículo 27? Lo siguiente, "Está establecido que los hombres mueran una sola vez – *una vez* – y después de esto el juicio". Un juicio para los muertos hecho para la eternidad. Ahora vayamos al caso de Lázaro y el hombre rico. "Envía a Lázaro para que moje la punta de su dedo en agua y refresque mi lengua". "No podemos hacerlo", respondió Abraham, "además de todo esto, una gran sima está puesta entre nosotros y vosotros, de manera que los que quisieren pasar de aquí a vosotros, no pueden, ni de allá pasar acá". (Note que esta ilustración es especial para guiarle en su "reprender", asimismo reúne todas las condiciones para la exhortación.)

Escriba en detalle la idea de esta sección y léala con la diligencia que ésta demanda. Si no la lee, entréguela utilizando un bosquejo.

Bibliografía sugerida

Baxter, Batsell Barret. *The Heart of the Yale Lectures*. Páginas 174-183. Brown, Charles Reynolds. *The Art of Preaching*. Páginas 155-187.

Kirkpatrick, Robert White. *The Creative Delivery of Sermons*. Páginas 18-27.

Capítulo 7

La introducción y la conclusión del sermón

El camino a la cruz

La confusión reinaba en la senda agreste del Calvario,
y las paganas voces subían y bajaban –
como olas tormentosas sobre Galilea.
Ya no existe el odio judío-romano,
porque unido se han "ojo con ojo" en la consigna.
Sus crueles corazones buscan sangre humana,
y sus labios atruenan diciendo ¡Crucifíquenle!

Mientras allí, bajo la cruz que el pecado hizo
demasiado pesada para que el hombre la porte,
lucha solitario el Amor de Dios,
con el soberbio poder de la despiadada muerte.
No hay indicios de temor en la dulce Faz,
mientras brega con el enorme madero,
busca sólo los ojos de un corazón contrito
que como él viaje por la senda del Calvario.

No ayudemos a hacer la senda,
él la hizo para una señal profunda y plena,
que nos guíe por el curso que él tomó.
Es la cruz que trajo la aurora al mundo de pecado
y que a su diestra pende un poco de fe de quien,
anhela caminar por la senda que el Maestro trazó,
y que a la siniestra la mofa anda en tropel,
provocando a ira al paciente Dios.

Y así, a través de los siglos, la línea
sigue trazada dividiendo hasta hoy;
el hecho es simple, se está con Cristo o con los perdidos,
pues no hay medios caminos. Es una la senda: la Cruz.

— Charles DeWelt

Capítulo 7
La introducción y la conclusión del sermón

La introducción del sermón

Si usted no sabe cómo comenzar ni cómo terminar algo, entonces usted no sabe todavía lo que debe saber.* "Su discurso no estará bien organizado, a menos que usted se abrase en una ardiente llama de espontáneo interés *desde la primera oración.*" Asimismo, su mensaje no estará bien organizado, a menos que lo haga con elementos muy persuasivos, mayormente en su conclusión. Ahora, si usted no mueve a los hombres a actuar sobre lo que usted ha predicado, simplemente no ha predicado. Por favor, recuerde que las personas que le escuchan nunca han tomado un curso de homilética. Si un sermón no les parece interesante no estarán dispuestos a escucharlo a pesar de cuán organizado o escritural pudiera ser. Si las personas no escuchan – si no escuchan con el corazón, ¿para qué predicar? No debemos pensar que es bueno tener un plan para captar la atención y el interés de la congregación.

¡Debemos entender que *es un imperativo!* ¿Cree usted esto?

**Public Speaking as Listeners Like It.* Richard C. Borden, página 3.

Tarea veintinueve

Supóngase que va usted a anotar los elementos esenciales de una buena introducción. ¿Cuáles incluiría?

Sin duda usted ha escuchado suficientes sermones en los cuales se han incluido estos elementos. Quizás usted ha predicado algunos sermones y lo ha hecho partiendo desde su experiencia personal. Registre estos elementos en el orden que sigue: (Haga esto antes de empezar. Revise y analice sus respuestas en clase.)

1. Según la duración.
2. Según el propósito.
3. Según la redacción.
4. Según la disposición de ánimo.
5. Según la variedad.

6. Según su forma.
7. Según la relación que tenga con el texto.
8. Según la relación que tenga con el tema.
9. Según la relación que tenga con la proposición.
10. Según la necesidad.

A continuación, se presentan los argumentos de un buen número de libros de homilética que tratan sobre los elementos esenciales de una introducción.

1. Ninguno de ellos menciona un tiempo límite, sin embargo, la opinión unánime es que una buena introducción no deberá exceder los cinco minutos. (Esto se calcula sobre la base de un sermón de 30 a 35 minutos de duración.)

2. Se concuerda con los dos propósitos inseparables de una introducción.

   (a) Atraer la atención hacia el tema.
   (b) Lograr interesar vivamente a los oyentes por el tema.

3. Más adelante agregaremos otros antecedentes acerca de la redacción de la introducción. Baste decir aquí que esta es sumamente importante; ya que es la primera impresión que la congregación se formara sobre el sermón que va a oír; por lo tanto, la introducción debe ser realmente buena.

4. Generalmente se acepta que, aunque la atención y el interés deben ser conquistados, no por ello la introducción deberá comenzarse con un alto nivel de dinamismo, partiendo de la base que es muy peligroso prometer más de lo que uno es capaz de entregar.

5. Hay variados y notables hechos en el campo de la homilética que están siendo investigados. Lógicamente parte de estas acciones incluyen métodos para el desarrollo de las partes del sermón. Autores antiguos y modernos sugieren una docena o más de tipos de introducciones. ¿Podría mencionar algunas para introducir un tema? De todas maneras, incluiremos varias al término de esta lección.

   (a) ______________________________
   (b) ______________________________
   (c) ______________________________

6. Tanto la introducción como la conclusión deberán ser presentadas en forma bien definida. Así es la indicación unánime de los escritores. Lo que se *quiere* decir es que usted sepa lo que quiere decir en la introducción y *cómo* decirlo. Muchos sugieren que la introducción debe escribirse palabra por palabra, y que a lo menos se memorice una expresión clave de ésta. Permítame agregar a esto un fuerte "amén".

7. ¿Cuál es la relación de la introducción con el texto? En antiguos libros de homilética, la explicación del texto precede a la introducción. Esto agregaría una introducción más: la del texto. Algunas veces será necesario hacer esto; pero nosotros la incluiremos en la introducción misma. Existe el consenso unánime de que la introducción es un puente entre el texto y la proposición. Esto significa que la introducción no debe "afirmarse" sobre el texto ni tampoco sobre la proposición. Debe ser un paso natural del texto a la proposición.

8. La relación de la introducción con el tema. No cansemos a nuestra gente con la introducción. Si recibiera a un amigo, ¿dejaría usted a este parado delante de un extraño por 10 o más minutos mientras se ocupa en atender otros asuntos? Claro que no. Bueno, así es también con la introducción, su propósito es introducir a la audiencia hacia el tema y la proposición y no algo extraño. La introducción debe ser simple, interesante y plena de motivaciones, pero nunca extensa. Hay que dejar a los oyentes con un "cálido apretón de manos" en cuanto sea posible.

9. ¿Cuál es la relación de la introducción con la proposición? Con base en lo que ya se ha dicho será fácil responder a esta pregunta. Todos deben saber que hay muchos profesores de homilética que no seguirán los siete pasos en el desarrollo del sermón, sin embargo, siempre estarán allí presentes. No obstante, hay acuerdo general sobre la meta o intención del sermón, es decir la proposición. Habiendo introducido el tema, una oración nos llevara a la proposición. En esta oración usted ha limitado el radio de acción del tema a la faceta expresada en la proposición.

10. ¿Cómo se relaciona la introducción con la necesidad de la congregación? A veces hay una necesidad especial; una tragedia en la comunidad, una crisis nacional. Entonces, su introducción puede ser redactada y presentada de manera tal, que guie la mente de su audiencia, desde donde están sentados hasta donde usted quiere llevarlos. Bajo circunstancias ordinarias la congregación no está lo suficientemente enterada de alguna necesidad hasta que usted se lo menciona. Por lo tanto, su introducción fijara la línea de su mensaje.

Tarea treinta

Tenemos ahora una exposición con los elementos que caracterizan a una buena introducción. Estos ejercicios se han hecho para que usted participe de lleno en ellos.

1. *Simplicidad.* "Todo discurso que se haga en forma artificial o afectada tiene asegurado su fracaso. Por lo tanto, la introducción deberá ser simple y libre de innecesarios adornos. Aun por muy

profundo que sea el pensamiento introducido, la introducción tiene que ser expresada con sencillez". *Homiletics and Pastoral Theology*, Wilson T. Hougue, páginas 104-105.

A continuación, se presentan tres introducciones que hacen caso omiso de la simplicidad o sencillez. Descubra en qué manera se manifiestan estos hechos y cómo se pueden mejorar:

Texto: Juan 1:14

Tema: "La gran condescendencia"

Introducción. Medite en esto. El Logos Eterno es uno con el Eterno Dios, no sólo en idea, sino uno en sustancia y uno en propósito.

El aceptó "despojarse a sí mismo" del prestigio y poder, y habitar entre nosotros. Esto no significa que él deje de poseer "vestiduras sagradas"; tampoco que él quisiera sujetarse al tiempo humano; tampoco, incluso, pretendió orgullosamente ser el Maestro a pesar de serlo. ¿Por qué, entonces, quien existió como Dios eternamente, no aprovechó este privilegio en beneficio suyo? Sólo la eternidad podrá decirlo; pero nuestro propósito, hoy en el mensaje, es otro. ¿Nota la condescendencia que se visualiza en la Palabra?

Texto: Juan 3:16

Tema: "El amor de Dios".

Introducción. Hermanos, ¡qué maravilloso pensamiento para contemplar! Tan alta como la puerta del Cielo, tan ancho como el mundo de pecado, tan profundo como el infierno de Satanás, así es el maravilloso amor de nuestro sublime Señor.

"Si fuera tinta todo el mar
y todo el cielo, un gran papel,
y todo hombre un escritor
y cada hoja un pincel;
para escribir de su amor
no bastarían jamás.
¡Oh, amor de Dios! brotando está
inmensurable, eternal.
Por las edades durará
inagotable raudal.

¿Pasaría por su mente un pensamiento más sublime que este? He aquí el tema de nuestro mensaje para hoy. Prestemos atención, entonces, a las características de este amor.

Texto: Gálatas 2:20

Tema: "Cristo, yo no".

Introducción. Cuando Dios puso al hombre en el huerto del Edén le dio, a través de su imagen, la facultad de escoger. Tal como lo dijo Moisés más tarde: "A los cielos y a la tierra llamo por testigos hoy contra vosotros, que os he puesto delante la vida y la muerte, la bendición y la maldición; escoge, pues, la vida, para que vivas tú y tu descendencia" (Deuteronomio 30:19). De este privilegio se abusó en los días de Noé, cuando todo designio del pensamiento del corazón de ellos era de continuo solamente al mal (Génesis 6:5). De esta manera el hombre busca el mal, y acarrea sobre sí y su descendencia la maldición. Una y otra vez en el desierto de Madián el hombre buscó lo malo en vez de lo bueno, la muerte en vez de la vida. Pero nosotros vivimos ahora en una época distinta. Tenemos el maravilloso privilegio de elegir una nueva vida en Cristo. Y no tan sólo esto, sino que tenemos a Cristo viviendo con nosotros; lo cual es vida de verdad, real y cierta. Estos antecedentes nos adentran a nuestro tema y proposición.

Ejercicios: **Responda estas preguntas.**

a. ¿Cuál es el error en la primera introducción? Especifique con claridad.
b. ¿Cuál es el error cometido en la segunda introducción? De detalles de este error.
c. ¿Cuál fue la equivocación en la tercera? Por favor, note que hay básicamente *diversos errores* en cada una de las introducciones. Si desea comparar sus respuestas, consulte las páginas 155-157. No recurra a mi análisis mientras no haya hecho el suyo.

2. *Pertinencia.* La pertinencia fue seguramente violada al dejar la simplicidad y sencillez. Sin embargo, una introducción puede ser muy simple tanto en la construcción como en su expresión y todavía no ser lo suficientemente pertinente. A continuación, hay algunos ejemplos. Señale los porqués estas introducciones no son pertinentes para el tema o para el texto.

Texto: Romanos 5:1-5.

Tema: "Los beneficios del evangelio".

Introducción. En el evangelio hay maravillosos beneficios. Entonces esperemos recibirlos y aprovechemos estas ventajas, ya nuestra elección está basada principalmente en esta posibilidad. El hombre siempre ha sido una persona de moral *libre*, libre en el sentido que tiene capacidad para escoger, lo cual es imposible encontrar en las criaturas inferiores. Cuando nos referimos a la *moral*, estamos pensando que el hombre es responsable de ella. Su elección la hace con base en la recompensa o el castigo. La naturaleza del hombre, creado "un poco menor que los ángeles", al recordar de su pecado, podría traernos a la mente la pregunta, "¿qué es el hombre para que tengas de él memoria?" El evangelio provee de maravillosos beneficios para el hombre que escoge acertadamente.

Texto: Hechos 16:30-31.

Tema: "La pregunta más grande".

Introducción. Hay grandes preguntas para formularse y que necesitan ser respondidas. Si usted es joven, la pregunta "¿en qué trabajaré?" es de gran significación. Seguramente los jóvenes sinceros que aman la sinceridad desearán responder esta pregunta de la mejor manera posible. Toda la vida está delante de ellos. Cuando llegue el momento de escoger pareja, viene a la mente una pregunta de importancia capital, ¿quién será mi pareja? Por nuestra alta estima de Cristo debemos ponderar tal situación, ya que es "hasta que la muerte nos separe". Sin embargo, esto no se compara con la suprema importancia que tiene la pregunta de nuestro texto, "¿qué debo hacer para ser salvo?"

En estas dos introducciones la pertinencia fue violada de dos diferentes maneras. ¿Podrá visualizar y analizar dónde y cómo se manifiesta? Vea la página 146 donde se encuentra mi análisis, después que haya hecho el suyo.

3. *Vitalidad.* Esto se refiere a que la introducción, como el resto del mensaje, debe tener vida. Cuando usted presenta el sermón animosamente, con vitalidad, su audiencia lo notará. Una vez más debemos decir que la realidad es el único camino que lleva a la vitalidad. Debo agregar que la emoción y el sentimiento tienen mucha relación con la vitalidad del sermón. Si usted no puede sentir, entonces usted está muerto. Si la introducción no cumple su función de inquietar la conciencia de los oyentes y producir el interés deseado, entonces no existe, está muerta. ¿Puede emitir una crítica constructiva para esta introducción?

Texto: Hebreos 1:1-2.

Tema: "La última palabra de Dios al hombre".

Introducción. En todas las edades Dios ha hablado al hombre. Debemos estar atentos a lo que Dios nos hablará hoy. Muchos dicen que Dios les ha hablado, dándoles mensajes especiales. La verdad es que no debemos juzgar para no ser juzgados, sin embargo, tenemos que decir que la última palabra de Dios al hombre se encuentra en Hebreos 1:1-2, donde dice que "Dios, habiendo hablado muchas veces y de muchas maneras en otro tiempo a los padres por los profetas, en estos postreros días nos ha hablado por el Hijo". La sencilla pregunta, pero no por ello menos importante, es, ¿le escucharemos a su Hijo? La intención de este sermón no es explayarnos exhaustivamente en el tema; más bien es presentar sucintamente algunos puntos acerca de la última palabra de Dios al hombre.

Ejercicios: Ahora hemos leído y evaluado seis diversas introducciones. Formularemos una introducción que incluya los tres elementos esenciales de los cuales hemos hablado, partiendo del texto y del tema. Seleccione uno de estos seis textos y temas, y escriba una introducción. Léala en clase para su evaluación y critica correspondientes. Tenemos que enfatizar que la introducción que hemos preparado, podremos alterarla fácilmente, si al desarrollar el sermón sugerido por el texto y el tema, encontramos que no hay correspondencia entre un elemento y el otro. El propósito es que esto sirva de práctica, y de esta manera procederemos.

Tarea treinta y una

Lea estos comentarios acerca de los variados tipos de introducciones y complete los diversos ejercicios que se incluyen.

Hay probablemente muchas formas de elaborar una introducción; y el tema es, en sí mismo, un factor determinante. Veremos, en seguida, unas diez de esas formas:

1. *Una introducción partiendo del contexto*. Con esto podría referirse a unos versículos o a todo un libro. Suponiendo que su texto es Juan 17:20-33. En este pasaje tenemos a nuestro Señor orando por la unidad. ¿De qué mejor manera podría introducir este tema? ¿Sería la de exponer las circunstancias en que él hizo la oración según los versículos anteriores? Recuerde que cuando se hace la introducción partiendo del contexto, debe ser necesariamente simple, pertinente y llena de vitalidad.

"Influencia inconsciente", por Horace Bushnell

Texto: Juan 20:8, "Entonces entró también el otro discípulo".

Introducción:

> En esta pequeña parte de la historia que se ha abierto frente a nosotros, podemos vislumbrar uno de los capítulos más serios y fructíferos de la doctrina cristiana. Así es como los hombres están siempre motivándose unos a otros, inconscientemente, a la acción; de tal manera, que un hombre, sin proponérselo, ni siquiera pensarlo, está siempre guiando a otros a ejecutar diversas acciones. No fue la intención de Pedro, al acercarse a donde estaba su incrédulo hermano, al borde del sepulcro; entrar directamente, según su peculiaridad, y con su acción hacer que su hermano, el apóstol Juan, entre también. De la misma manera, Juan no piensa, cuando ya ha perdido el temor y la duda, y entra al sepulcro después de Pedro, que él está siguiendo a su hermano. Igualmente, cada hombre, dentro del género humano, está guiando

a su prójimo, inconscientemente, a lugares, que de otra forma no iría". Citado por O.S. Davis en *Principles of Preaching*, página 21.

2. *Una introducción proveniente del texto*. Aquí vemos que a veces no hay contexto para nuestro texto. Por lo menos no hay ninguno claro para usted. Si tomamos el texto de 2 Corintios 5:17, tendríamos el tema: "Una nueva criatura". Si usted hiciera un cuidadoso estudio de estas palabras y con ellas redactara una convincente exposición, tendría una espléndida introducción para este propósito.

"Detrás y delante", por J. H. Jowett.

Texto: Salmo 139:5, "Detrás y delante me rodeaste, y sobre mí pusiste tu mano".

Introducción. "Tras de mí me has rodeado". Quiere decir que Dios se enfrentó al adversario en el pasado, el enemigo que acechaba mi ayer. Él no ignoraba la sombría herencia que yo tenía en el pasado. "Delante me rodeaste". Dios se enfrentará con el adversario que está enfrente, el enemigo que está oculto en el futuro. Y "¡Sobre mi pusiste tu mano!" Dios se enfrenta con las contingencias inmediatas, y me dice que en él tengo la más amplia defensa y máxima seguridad para el presente. *Ibíd.* páginas 211-212.

3. *Introducción tipo narración*. Esta puede obtenerse del texto, desde luego, si su texto tiene elemento narrativo. Supongamos que usted elige una parte de la historia de David y Goliat. La sección que desee enfatizar debe hacerlo de una manera especial. Esto significa que, dentro de lo posible, debe entregarla en primera persona. *No hay que comenzar* la historia diciendo, "Todos ustedes saben la historia de David y Goliat . . ." Si la historia es vieja, pesada, monótona y sin vida, ¿para qué contarla? Cuéntela en forma renovada. Vaya en su imaginación al tiempo y lugar indicados. Vea, escuche, sienta los hechos que está describiendo. No es necesario que toda la narración se haga en primera persona. Puede introducirla como una historia del Antiguo Testamento, y después hacerlo en primera persona. La narración podría interrumpirse algunas veces para "inyectarle" aplicaciones útiles o algún comentario. Podría presentar su conclusión en segunda o en tercera persona. Recuerde que la narración debe ser congruente con su tema y servir realmente como una introducción efectiva. Asimismo, no deberá exceder de cinco o seis minutos, de tal manera que usted tendrá que saber lo que desea decir y cómo decirlo.

"Cristo entre las cosas comunes de la vida" por W. J. Dawson.

Texto: Juan 21:9, 12, "Al descender a tierra, vieron brasas puestas, y un pez encima de ellas, y pan. Les dijo Jesús,

Venid, comed".

Introducción:

No puedo leer estas palabras sin pensar por un momento en una experiencia vivida, que me llegó muy dentro de mi corazón. No hace mucho tiempo, muy de mañana, mientras todo el mundo dormía, estando parado en una de las riberas del mar de Tiberias; se había levantado una espesa niebla, y observaba a unos curtidos hombres de mar pescando en su barca la cual se esforzaban por guiarla hacia la costa. Los cansados pescadores arrastraban con dificultad su red a tierra. En ese momento me pareció como si se hubiera despejado algo además de la niebla matinal. Veinte siglos parecían haberse fundido en la niebla reinante y el capítulo 21 del evangelio de Juan, pareció cobrar vida delante de mis ojos. Así de real me pareció la escena, tan viva como familiar. Tan mística fue aquella hora que, difícilmente me habría sorprendido si hubiera visto además brasas encendidas en la playa y escuchado la voz de Jesús invitando a los cansados pescadores a venir y comer. *Ibíd.* Páginas 212-213.

Una segunda clase de introducción narrativa se encuentra en la hábil selección de una historia o ilustración, la cual, a pesar de no ser parte del texto, sirve para ilustrar e introducir el tema.

Si su texto fuera Apocalipsis 19:16, y su tema "Rey de reyes", se podría trabajar con la siguiente historia:

"¿Cuántos de ustedes, hermanos, han escuchado algo de Tex Rickard? ¿Quién fue él? Tex fue promotor de encuentros de boxeo. Sin embargo, en sus primeros años, regenteó en Dawson City (en el Klondike), una especie de prostíbulo, cantina y sala de juego. Una tarde ocurrió algo en la sala de juego que causó una tremenda impresión en la gente que lo vivió. Esta historia, como verán, nos introduce muy bien a nuestro tema, "El Rey de reyes".

La temperatura era de 51°C. bajo cero. El aire frio se clavaba cómo espinas en los dedos. Un hombre gigantesco vestido con una parka y 'mukluks' (botas esquimales), entró al salón y se detuvo en un extremo, se quitó su parka por arriba de la cabeza, se quitó sus mitones y tiró sus mukluks con pataleos.

El cantinero, haciéndole un ademán con los dedos, le dijo, "Venga acá, forastero, esta es su casa; caliéntese", y le regaló una botella de whisky. "Gracias, mi señor, pero no me caliento de esa manera", respondió. Se acercó al rincón más lejos de la chimenea frotándose las manos para favorecer la circulación. se peinó la barba hasta quitarse el hielo y luego se acercó paso a paso, quedando más cerca de la chimenea; calentó sus dedos hasta que estos se pusieron derechos. Después fue hacia una de las mesas de juego y tomando un mazo de cartas las barajó diestramente. Inmediatamente sacó una carta, esta fue el Rey de Tréboles, y sosteniéndola entre sus dedos pulgar e índice se paró frente al mostrador y dijo: "¡Caballeros!" Inmediatamente los presentes y las danzantes se acercaron con sus acompañantes, pensando que el desconocido era un nuevo tahúr que había llegado al Yukón con algunos trucos. Siguió hablando el extraño, "He venido al Klondike para presentar al rey, cuyos principios son el fundamento de toda logia, club y fraternidad". Tomó una vez más el fajo de cartas y barajándolas obtuvo un segundo rey – el Rey de Diamantes. Levantando su voz con agradable timbre de tenor, cantó aquel himno tan conocido que dice: "Mi Padre es rico, sin igual, terrenos y casas son todas de él; diamantes y oro y ¿qué no tendrá? Riquezas que nadie podrá computar". Agregó, "He venido al Klondike a presentar a ese rey cuyo reino tiene puertas que son sólidas perlas y sus calles están pavimentadas con oro".

Volvió a barajar los naipes y le salió el Rey de Espadas. "Ayer, cuando entraba lentamente por el camino a Dawson, vi a unos hombres en una ensenada rocosa que estaban alrededor de una fogata con que descongelaban la tierra. Luego con picos y palas los vi enterrar a un ser amado". Prosiguió diciendo, "He venido al Klondike, damas y caballeros, a presentar a un rey que cuando venga otra vez, dejará sin efecto el trabajo de la pala, y toda tumba quedará vacía".

Después sacó el último rey, el Rey de Corazones. Tomó las cuatro cartas y las partió en dos. Cogió los ocho pedazos y los tiró, en medio de la expectación de la gente, y agregó: "Yo he venido al Klondike para anunciar al Rey de reyes y Señor de señores, a Jesucristo, el Hijo de Dios y nuestro Salvador".

Avanzó hacia el otro extremo de la sala en medio de un silencio enorme, se puso su parka y sus "mukluks", tomó sus mitones y desapareció en la oscura noche. La gente del noroeste, que escuchaban lo que sucedió cincuenta años atrás, decían que todavía soñaban con este evento una y otra vez. Aquella sencilla gente había escuchado el sermón más *poderoso*, *valiente* y *vibrante* acerca del Rey de reyes y Señor de señores". (De *As Much As In Me Is* por James Earl Ladd, páginas 33-34.)

Esta clase de ilustraciones es llamada por algunos escritores como "ilustraciones de choque"; y bien que esta ilustración lo es, sin lugar a dudas. Es bueno aclarar que este tipo de introducción puede ser usada de vez en cuando, y no seguido para que no pierda su efectividad ni reste el interés de los oyentes. Ahora, que, si usted no tiene en su sermón algo bueno que concuerde con su ilustración, a fin de motivar a la acción, mejor no la use.

4. *La introducción temática*. En este tipo de introducción se hace énfasis en el tema del sermón. La ilustración del señor Ladd, narrada arriba, es temática en el sentido de que el texto se usa sólo, para insinuar el tema. A continuación, se presenta una introducción en la cual el tema es la base en que ella está asentada.

Texto: Romanos 5:1. Tema: "Paz".

Introducción. "Pasará largo tiempo antes que el incidente sea olvidado; cuando Neville Chamberlain, con cansado semblante, pero con gesto triunfal, desciende del avión que lo trajo de una entrevista sostenida con

Hitler en Munich. Agitando frenéticamente un papel, grito a la gente que le había ido a esperar: 'La paz ha llegado'. ¡Qué dolor, que decepción!, fue una paz efímera, basada tan solo en la promesa de una persona completamente indigna de confianza; para quien una promesa no significaba nada. Cuán distinto es aquel hombre que dejó su hogar en el cielo, para traer a la pecaminosa y violenta Tierra, la paz que es eterna . . ." (Citado por Alfred P. Gibbs en *The Preacher and His Preaching*, páginas 181-182.)

5. *La introducción del asombro.* Esta puede presentarse mediante una sencilla oración o pequeño planteamiento tal como lo escuche de un predicador: "Les voy a probar a todos ustedes que Hitler nació en Washington, D. C.". Esto causó una conmoción general, debido a afirmación tan temeraria y absurda. Lo que trató de probar fue que el cuestionable "arianismo" (doctrina que defiende la superioridad de la raza aria) se originó en Washington, D. C. y que, sin esta realidad, le habría sido imposible a Hitler llevar a cabo su plan. Que la explicación cayó corta de lo prometido, es cierto. Pero también *es cierto* que es muy legitimo utilizar este tipo de planteamientos que asombren. Muchas veces los oyentes se duermen por una o catorce razones, y es menester que sean despertados con algo impactante.

Supongamos que usted predicó acerca de la responsabilidad de los padres hacia los hijos, ¿podría usted, en vista de nuestro actual problema juvenil, formular una oración que impacte hondamente a su audiencia? Inténtelo, nada más, tenga cuidado de no llevar demasiado lejos su planteamiento o no conseguirá su objetivo.

6. *La introducción con base en un problema:* Es una buena estrategia levantar el nivel de atención de los oyentes, presentando un problema; y este debe ser real, pertinente y que interprete las necesidades y anhelos de los que le escuchan.

Si su texto es Santiago 1:13-15 y su tema es "La tentación", entonces ¿podría introducir este mensaje como un problema que necesita solución? Con un poco de imaginación, no será muy difícil presentarlo y tener éxito.

Suponiendo que inició este tema diciendo: "Escuche una vez a un hombre culpar a Dios por su pecado, y él creía tener un caso para probar tal afirmación. ¿Qué le diríamos a ese hombre? ¿Ha pensado usted en la posición de Adán cuando respondió, 'Pero Dios, la mujer que *tú* me *diste* lo hizo'?"

Si usted tiene el texto de 1 Corintios 16:1-2 y como tema "El dinero", ¿cómo formularía una introducción con base en un problema? Trate de hacerla.

Escriba una introducción de este texto y tema: Romanos 12:1-2, "La Santidad".

7. *El autor Andrew Blackwood denomina este próximo tipo de introducción. "Una cita apropiada"* (*The Preparation of Sermons*, página 117). La única precaución que hay que tener es que ésta sea "sorprendente". No queremos decir que sea sensacional, aunque algunas personas pudieran catalogarla de tal. El punto que estamos resaltando es que la cita debe *concordar* con el tema de una manera directa y eficaz.

Las palabras de hombres famosos, campo con el cual usted y cada uno de nosotros deberíamos estar ampliamente relacionados, deberían estar anotadas en primer lugar en la lista de las "citas apropiadas". Hay en el comercio varios libros que contienen citas de hombres famosos que se han destacado en muchos campos. Le sugiero que busque una cita apropiada para comenzar cada uno de estos sermones:

1. Texto: Juan 19:14.
   Tema: "He aquí vuestro Rey".
2. Texto: Juan 15:13.
   Tema: "El amor más grande".
3. Texto: Juan 10:14.
   Tema: "El Buen Pastor".

Para los efectos de la *cita apropiada*, usted puede recurrir a cualquier fuente útil. Una vez que maneje en un buen nivel la cita y el sermón entero, podrá *despertar la curiosidad* de sus oyentes y captar su atención con la introducción y con el contenido del mensaje.

8. *La introducción con eventos del día:* A continuación, se presentan tres noticias extractadas de periódicos. ¿Tendría la bon- dad de buscarles un texto y un tema que sean adecuados?

a. *Cinco muertos en choque múltiple en medio de la niebla*

Oxford, PA., Julio 7.—Cinco personas murieron, incluidos dos niños, en un choque múltiple ocurrido en la madrugada del sábado en la carretera 1 cerca de Oxford. La niebla estaba más espesa que nunca. La policía hace esfuerzos para identificar a los muertos.

b. *Nino se mató con una soga*

Clearwater, Florida, Julio 7 – Alberto Cervalo, hijo, se mató el viernes jugando con una soga; de la cual una punta había colocado alrededor de su cuello y la otra punta la tiró por la ventana del camión en que viajaba. La cuerda se enredó en las ruedas traseras.

c. *Muchacho devuelve $150.00 dólares robados en restaurante*

Abilene, Tex., Julio 14 – $150.00 dólares que fueron robados a L. J. Black, propietario del restaurante "La Luz", la noche del jueves fueron devueltos el viernes por el ladrón, un muchacho de 14 años. El joven devolvió el dinero cerca de las

20.00 horas del viernes. Dijo a la policía que fue al restaurante, vio la caja abierta, tomó el dinero y se marchó. Black dijo que estaba dispuesto a olvidar el asunto.

9. *La introducción de planteamiento directo:* Esta es, quizá, la más breve de todas las introducciones. Comienza con una declaración del propósito en términos generales y luego sigue una transición al punto específico que lleva al tema y la proposición. Pensemos bien en los elementos que debemos usar en la formulación de la introducción, ya que obligadamente debe ser directa. Hágala atractiva y eficaz.

Si su texto es Mateo 11:28 y el tema "La maravillosa invitación",

¿cómo lograría formular un planteamiento que interese y estimule en los oyentes el deseo de escuchar?

Use el mismo procedimiento para el texto de Juan 8:58 y el tema "El gran yo soy".

10. *La introducción de planteamiento indirecto u oculto:* Este suele ser de mayor interés y de resultados más inmediatos que el anterior. Comience de manera tal, que no se entreguen antecedentes de cómo se está guiando a la gente al objetivo que nos interesa lograr. Esto se puede hacer mediante variados métodos: una ilustración, un evento de la vida diaria, o algunas de las introducciones mencionadas anteriormente, desde luego que adaptadas. Se debe tener presente el plan exacto y propósito de su sermón. Trabaje en este texto y tema con una introducción de planteamiento indirecto.

Romanos 6:1-4.

"El pecado más grande de los santos" (ver v. 1).

La conclusión del sermón

De todas las faltas graves que existen, la mayor de todas es presentar una conclusión mal planificada. El caso es que hay predicadores demasiado perezosos que dejan para última hora la preparación del mensaje, y piensan que su buen sermón no requiere una buena conclusión. Piensan erróneamente que un buen mensaje hace su propia conclusión. Usted que ha predicado en muchas ocasiones sabe que esta afirmación es falsa. Puede ocurrir, incluso, que muchos predicadores estén pensando que no hay necesidad de una conclusión planificada. Simplemente termina de predicar, cantamos una canción y todos a su casa. Hermano, ¿piensa usted también así? ¿Por qué esforzarnos en predicar bien si no llamamos a la acción?

Pero, ¿por qué los vendedores se esfuerzan por presentar las bondades de sus productos? ¿Cierra, por ventura, su catálogo y se va a casa? ¡No! Él quiere vender – quiere buenos resultados. ¿Para qué prepara un abogado su alegato jurídico? ¿Para qué defiende el caso que se le ha encomendado? Para lograr alguna decisión, desde luego. Si usted no predica para lograr decisiones, no está predicando según lo establece la enseñanza del Nuevo Testamento. Pablo, Pedro, Esteban, Bernabé, predicaron para obtener decisiones. Entonces, *la conclusión del sermón tiene como meta, lograr decisiones*. Hermanos, si ustedes no preparan la introducción, preparen por lo menos la conclusión. Si usted tiene poco o ningún planteamiento bajo las divisiones principales, *por favor*, al menos, prepare la conclusión. Si usted tiene sólo tres horas para preparar el mensaje (ojalá que no sea así), ocupe una hora para la conclusión. Es algo imperdonable y de mal proceder no elaborar una buena y eficaz conclusión para cada sermón. Las almas deben ser alcanzadas. Esta es su labor. Entonces, ¡Hágalo bien!

¿Cuáles son las características de una buena y eficaz conclusión?

Tarea treinta y dos

De la lista siguiente, seleccione tres características que considere esenciales en una buena conclusión. Tenga presente las conclusiones que ha escuchado o las que ha utilizado en sus mensajes. Escriba un párrafo por cada característica. Hágalo antes de proseguir su lectura. Lea sus respuestas y coméntelas en clase.

1. Breve (dentro de lo posible)
2. Con clímax
3. Pertinente
4. Persuasiva
5. Variada
6. Productiva (buenos resultados)
7. Bien planificada

1. Una buena conclusión debe ser tan *breve* como sea posible. Teniendo presente que esta brevedad no debe perjudicar su objetivo. Después de todo, si usted no ha guiado a los oyentes a un lugar donde ellos estén dispuestos a tomar acción, menos podrá cuando llegue el momento de la conclusión. ¿Con base en que argumentos cree usted lograr en cinco o seis minutos lo que en veinte o veinticinco no logró? Aunque logre motivar a la acción con solamente la conclusión, si tal acción no está firmemente basada en la proposición, muchas veces los resultados serán superficiales y no perduraran. Comúnmente cinco o seis minutos es un tiempo suficiente para una conclusión. Desde luego que su labor es llevar a la congregación en forma gradual y natural hasta la

conclusión – no “quiebre el sermón a medio camino”, creando la impresión de “ahora estoy terminando, por lo tanto, pronto viene la conclusión”. Nunca haga tal cosa.

2. Una buena conclusión significara el *clímax* del sermón. Después de todo, ¿no es aquí donde usted espera los resultados?

¡Oh, cómo ardió mi corazón cuando predique a unas personas! Al momento de hacer el llamamiento, y utilizando la redargución, reprensión y exhortación, sentí en mi la influencia de la verdad eterna de Dios. Esto es producto de una buena conclusión y saber el fin desde el comienzo. Todos los “clímax” no son iguales.

Dependerá de los recursos que emplee; pero el objetivo es conducir gente a la vida en Cristo, a un encuentro personal con él. En la conclusión del sermón, deberá estar siempre presente el poderoso Espíritu de Dios. Los oyentes deben experimentar en algún grado el sentir de estar parado en presencia del Todopoderoso

– un llamado a la conciencia y a la voluntad que es difícil de ignorar.

No sea que la conclusión deja a los oyentes pensando: “Bueno, terminó. ¿Podemos irnos ya?” Ni que piense el predicador: “Ya cumplí mi papel de esta semana. Cantemos una canción más y podemos irnos para hacer algo que nos gusta”. ¿Dónde está el Dios de Elías? No sólo la oración eficaz del justo puede mucho, sino también la conclusión eficaz del justo puede lograr buenos resultados. Elías oró fervientemente. No quiero dejar la impresión que estoy abogando por una “efervescencia” en cada momento y en toda conclusión. Así como la monotonía no es buena, de la misma manera la efervescencia *continua* puede ser monótona. Comentaremos esto más abajo.

3. Una conclusión tiene que ser *pertinente*. Quiero decir que se basa en la proposición del sermón. NO es para concluir solamente la última división de su sermón. Su atractivo es más amplio, más fuerte que eso. Es el momento de llamar a la acción para lograr el objetivo del mensaje entero, no una parte de ello. Mire de nuevo el capítulo tres (pp. 53 a 71) para ver el cuadro del sermón como un entero y la relación de la conclusión con el sermón entero. Hay *una* cosa (quizá con varias partes) que usted desea pedir que sus oyentes hagan.

¿Cuál es la *aplicación* de su predicación? Los oyentes están interesados en saber, que intenta lograr con su sermón. Los oyentes se preguntan, tal como sucedió con Isaías en el pasado, “¿Señor, que quieres que yo haga?” Usted debe saber lo que su Señor desea hacer con su predicación. La congregación también tiene derecho a saberlo. Si usted no les dice, ellos no estarán en condiciones de actuar convenientemente. Justamente, la conclusión se debe preocupar de esta situación. Por lo tanto, será específica y no vaga; bien armada y, como ya se ha dicho, partirá desde la proposición misma. Pienso que entenderá mejor lo que estamos presentando una vez que le presentemos algunas conclusiones a manera de ejemplo.

4. Una buena conclusión debe ser "una invitación cordial" y *persuasiva*. Ya hemos hablado de esto anteriormente y creo que dijimos lo suficiente sobre el particular. De todas maneras, detengámonos un poco en la expresión, "una invitación cordial". Me agrada mucho lo que esta encierra. Debemos entender que esto es el elemento esencial en toda conclusión. Además, debe estar presente en todo momento como un elemento natural que fluye sin limitaciones. Pero, ¿qué se necesita para lograr esto? Es vital el amor, real y genuino. Amor desinteresado y sin egoísmo debe ser el motivo detrás de la persuasión. Si usted no ama a su congregación, ellos lo sabrán. Usted no puede fingir y luego esperar buenos resultados. Claro, que podría intentar hacerlo, pero no servirá de nada. La gente le escuchará y a lo mejor le dirá que es bueno el sermón que usted ha predicado. ¿Bueno para qué? Entienda, no puede engañar lo íntimo del corazón. Si usted no tiene verdadera compasión por las almas de sus oyentes, ellos lo sabrán. Tal vez ninguno de ellos sea capaz de decirle a usted en qué está fallando su espiritualidad; sin embargo, a la hora de la invitación *¡no responderán!* Es posible que algunos pasen al frente, pero lo harán como una mera formalidad religiosa. La gente no tendrá más poder que el que usted tiene.

Cristo mismo debe hablar a través de usted sobre las necesidades de las almas y satisfacerlas. Ellos, en alguna medida deben olvidarse de usted y su manera de predicar para ver e ir hacia las manos extendidas del amigo de los pecadores. Para que esto sea realidad, uno mismo debe estar crucificado antes de entregar *cada* sermón. Esto acontecerá cuando usted deje el "yo" a un lado y empiece Cristo a vivir en usted. Será Cristo el que invita, el que llama, el que gana – a través de usted. Usted puede estar muerto y no saberlo, sin embargo, los pecadores sí lo sabrán. ¿Qué será de usted cuando se presente ante Dios en el gran día del juicio eterno?

¿Habrá edificado con madera, heno u hojarasca? ¿Lo habrá hecho con oro puro y piedras preciosas mediante su sumisión a él?

5. Una buena conclusión debe ser *variada*. Tenemos que decir que hay muchos tipos de conclusiones; y cada una se sustenta en su propia proposición, sin embargo, los recursos y planteamientos entregados son variados. Existen a lo menos 18 motivos o recursos a utilizar. ¿Recuerda la lista que le dimos en el capítulo cinco, bajo el titulo *exhortación*? Con esto

queremos enfatizar lo variada que puede ser una conclusión. Justamente estos 18 motivos se pueden aplicar con éxito en la conclusión. En la última parte de este capítulo desarrollaremos en profundidad este aspecto. Baste decir aquí que, a pesar de ser efectiva una conclusión X, si se repitiera varias veces, perdería su efectividad; es decir, a mayor repetición, menor éxito.

6. Una buena conclusión tendrá *resultados* positivos. La conclusión no es la única parte o la más importante del sermón. Pero requiere especial preocupación. Si usted no entrega algo que merece una buena acción como respuesta, entonces no habrá resultados con eterno valor.

Preguntémonos, ¿con que intención pesca un pescador? No es sólo para usar los aparejos, tampoco para contar historias a los nietos – es para capturar el máximo de peces. Pregunto,

¿qué no somos pescadores de hombres? ¿Qué es lo que distingue a un buen soldado? No es su título, ni su uniforme o lo que otros digan en favor de él, sino el hecho de que está "en servicio activo" presentando una buena batalla. Soldados de la cruz, ¿dónde está el honor de vuestro servicio? ¿Dónde está vuestra batalla? ¿Qué tan seguido he preparado mi sermón y he puesto lo mejor de mí; y aun los pecadores se resisten a aceptar a Cristo y desean quedarse fuera, justo a la puerta de la misericordia de Dios? A estas alturas, tal vez algún hermano bienintencionado venga y, con la esperanza de animar, diga, "Nunca sabremos el bien que hemos hecho. La semilla ha sido sembrada y dará su fruto algún día, según el plan de Dios".

No encuentro consuelo en tales palabras, ya que son usadas para excusamos por no esforzarnos por presentar un mensaje inspirado por Dios. "¿Nunca sabemos cuánto bien podemos hacer?" *Sabemos* que muchas personas *no* han sido ganadas para Cristo.

¿Podremos descansar en Sion mientras otros perecen? ¿Sería lo mismo si en esta situación estuvieran sus hijos? Claro que hacemos "lo bueno", "lo eternamente bueno" cada vez que predicamos todo el consejo de Dios, pero no me consuela por no haber podido persuadir a los perdidos. Y guste o no, hermanos, si usted no logra resultados en la salvación de las almas, usted ha fallado.

A propósito, ¿cuándo es el "tiempo oportuno" según Dios para salvar a los perdidos? El tiempo de Dios es *hoy* – *¡ahora!* Si un vendedor nunca vende sus productos, y un agricultor nunca cosecha, y un carpintero nunca construye una casa, y un empleado nunca trabaja en una tienda, ellos serán catalogados como personas inoperantes y una vergüenza para los de su profesión. Pero un predicador (?) puede predicar por semanas y meses y aun por años y tener poco o ningún resultado, a pesar de que el esfuerzo se hizo para la obtención de resultados. ¿Qué se puede decir de este tipo de cosas? Tal vez esto pase desapercibido para los miembros de la iglesia, por su indiferencia 'como es corriente ver en nuestros días'.

¿Cuándo será el momento en que empecemos a darnos cuenta que el mejor criterio para el éxito es ganar almas y que las vidas sean cambiadas?

7. Una buena conclusión deberá ser *bien planificada*. Esta idea ya ha sido analizada en los puntos previos – siempre es mejor la práctica que la teoría. Procedamos entonces al desarrollo de una conclusión.

Se distinguen cuatro pasos para el desarrollo de una conclusión:

A. Decidir sobre el recurso básico.

B. Recapitular fuertemente su división principal, de tal manera que produzca un desafío y una atracción.

C. Recapitular lo medular con el convincente elemento de "redargüir" con el mensaje. Hacer esto de manera tal que inste y lleve a los oyentes a hacer una decisión. Implica, entonces, que la gentileza debe estar presente.

D. Apelar a la parte emotiva de los oyentes para levantar el ánimo de estos, partiendo de la proposición y recurso que se han elegido.

Elaboremos estos puntos:

A. El recurso básico. Para mayor claridad, reproduciremos los dieciocho aspectos vistos anteriormente.

1. Adquisición y salvación
2. Aventura
3. Compañerismo
4. Creatividad
5. Curiosidad
6. Destrucción
7. Temor
8. Lucha
9. Imitación
10. Independencia
11. Lealtad
12. Disfrute personal
13. Poder y autoridad
14. Orgullo
15. Reverencia o adoración
16. Reacción
17. Atracción sexual
18. Simpatía

Sin duda que usted volverá al capítulo cinco, en caso de que el significado y la aplicación de estos elementos no hayan quedado claros en su corazón y mente. Observe su sermón cuidadosamente y trate de "sentir" cuál será la mejor manera de concluirlo. Queremos dar a entender con esto que debe tratar de sentir cuál es la base del recurso. Esta apelación se refleja en la proposición del sermón y en su desarrollo. Ahora está en condiciones de tomar la idea central de su proposición y utilizar uno de los dieciocho motivos sugeridos aquí. Le mostraré lo que quiero decir:

Si su proposición fue: "Características de la iglesia de Cristo" y su planteamiento tuvo este orden:

I. Una iglesia para posesión personal

II. Una iglesia única e individual

III. Una iglesia fundada por agentes humanos e inspirados.

¿De qué manera su mensaje interpreta a los oyentes? Lógicamente la respuesta es obvia: que la gente pase a ser parte del cuerpo del Señor, es decir de su iglesia. Esta idea debe correr a través de todo el sermón y, desde luego, en la conclusión llegará al clímax necesario y preciso para hacer el llamamiento. ¿Sobre qué base hará el llama- miento? Tenga presente la lista que se está manejando. ¿Usará:

1. *¿Salvación?* La salvación está disponible cuando uno pasa a formar parte de su iglesia.

2. *¿Aventura?* El verdadero milagro y la emoción que trae consigo el hecho de ser miembro de su cuerpo. La nueva vida tan maravillosa que se vive en Cristo.

3. *¿Compañerismo?* La relación íntima que habrá con quien es la cabeza de la iglesia. El privilegio de trabajar y caminar con él.

4. *¿Creatividad?* Lo que usted será capaz de hacer como miembro de la iglesia de Cristo. La eterna contribución que podrá hacer usted a la sociedad y al mundo en muchas y diversas maneras; ninguna de las cuales podría ser de valor eterno, sin contar con la ayuda de Cristo, el Señor.

Podríamos seguir revisando la lista, pero usted tendrá que hacerlo, ya que será usted quien deba decidir acerca de la intención que dará a su mensaje. Recuerde que todo lo que haya escogido, y que usted ha entregado en su sermón, estará presente en la mente de la congregación; de ahí la importancia de elegir y planificar bien, para llegar sin problemas a la conclusión, y obtener éxito.

¿Cuál es el paso siguiente?

B. Recapitular lo medular de sus divisiones principales con la intención que usted ha decidido darle.

Si usted seleccionó el primer motivo de los dieciocho; digamos, "Salvación", entonces podría plantear algo como esto:

> La iglesia del Señor fue comprada personalmente mediante la sangre vertida desde las venas de Emanuel. Pero, ¿con que propósito? ¿Qué no se encontraba bien al lado de su Padre y al mismo nivel de dignidad? El propósito de dejar el cielo fue salvar su alma. ¿Se cumplirá ese objetivo de Cristo en usted?

Note en este planteamiento cómo la división principal fue revisada con una intención definida, basada en el motivo seleccionado.

Para la segunda división principal:

> En el día eterno de la redención habrá un solo pastor con un solo rebaño. Él *viene* otra vez por los suyos. La cuestión es, ¿es usted de él? Cuán eternamente importante es que nuestra alma pertenezca a él de una manera personal y real.

Para la tercera división principal:

> La iglesia del Señor fue y es una institución celestial e inspirada celestialmente. ¿Para qué envió Cristo al Espíritu Santo a establecer la iglesia? ¿Para elevar la sociedad? Desde luego que ha logrado esto. ¿Para dar al hombre una mejor filosofía de vida? Claro que lo ha hecho. Pero la respuesta a esta interrogante no se encuentra en estas cosas secundarias. Los primeros predicadores fueron impulsados por el Espíritu a predicar de tal manera que la iglesia existiera como una institución salvadora de almas ¿Está bien fundamentado en su vida este sublime propósito?

Por favor, no dé *indicios* a los oyentes de que va a revisar la división principal, a manera de repaso; esto se debe manifestar como el fluir natural de la idea manejada desde esta parte hasta llegar a la conclusión. En suma: seleccione el motivo que crea de mejor ayuda; "trabaje" las verdades provenientes de las divisiones principales, en forma incisiva, directa y con la mejor solicitud posible.

C. La tercera indicación de cómo formular una conclusión es, en la práctica, la segunda parte de la actual conclusión: Recapitule lo medular en base al punto de "reprensión" más fuerte en su mensaje y llévelo hacia el motivo escogido.

Cuando decimos lo medular del punto de "reprensión" más fuerte en su mensaje, no estamos diciendo necesariamente que debemos reprender a la gente a manera de un reto; desde luego que no. A menudo lo medular o más importante es aquello que se entrega con suavidad y gentileza sin dejar de lado la verdad. Su planteamiento sobre esta parte de la conclusión sería más o menos como lo siguiente: "¿Qué hubo en el mensaje que tocó los corazones?" Puede ser (y muchas veces esto es lógico) que usted sabía de antemano qué parte de la predicación tocaría los corazones. Desde luego que usted sabe las necesidades espirituales de su congregación. De ahí la necesidad de la preparación de su sermón para favorecerles con su ayuda. Además, en alguna manera, predice sus reacciones; lo que le permite planificar cada vez mejor su mensaje. Ahora, puede que asista alguna persona que no esperaba, pero le conoce y puede discernir cómo ciertas partes del mensaje le tocarán. ¿Cómo nos enteraremos de aquellas partes que tocaran sus vidas? Esto no significa que este sugiriendo una acción que favorezca el evangelismo personal, o una condición especial; como si usted tuviera en mente a una o dos personas solamente. La idea es que conozca la verdad, la vida de la gente y sus reacciones frente a los demás. Así se formará una impresión amplia y valiosa para su labor ministerial.

No obstante, a veces suceden situaciones imprevistas; una parte del mensaje servirá a una necesidad, otra parte a otra; y esto, muchas veces, usted no lo ha previsto. Todo esto presupone que usted debe estar en continua "vigilancia" de sus oyentes, no como un todo sino como individuos. Hable con convicción el mensaje de Dios a la gente, teniendo presente que estos son entes individuales. Por lo tanto, deberá verlos tal como Dios los ve. Usted debe *sentir con ellos y hablar con ellos y no de ellos* (como un adversario).

A continuación, veremos la forma con que deberá trabajarse la segunda parte de la conclusión, basándonos en el motivo de "la salvación":

Su desarrollo de la primera división tendría las siguientes subdivisiones:

I. Una iglesia para posesión personal.

Subproposición: Características de esta iglesia para posesión personal.

1. Fue comprada a un precio altísimo, esto indica su alto valor.
   a. *Comprobación:* Este aspecto, sin duda, deberá ser comprobado de manera tal que se muestre la verdad lo más vivida posible. La gente necesita leer el rótulo ensangrentado, indicador del precio de la iglesia del Señor.
   b. *Reprensión:* A los miembros de la iglesia podría hablar en el lenguaje del reino *espiritual.* Hay una necesidad imperiosa de apreciar profundamente el significado de la vida que se nos ha dado, la que ha sido comprada con el valioso precio del Cordero de Dios. Tal vez usted quisiera decir algo al respecto:

> ¿Ha pensado cuántos miles de pesos (dólares, etc.) han gastado sus padres para verle a usted realizado como profesional, ocupándose a diario por usted? ¿Ha brotado de sus labios, alguna vez "gracias" en reconocimiento a ese grande amor? ¿Puede considerarse, frente a esto, un verdadero hijo o hija antes de expresar su agradecimiento? Sin embargo, su Padre Celestial ha hecho en usted la más alta inversión espiritual. Ha pagado el precio más alto del mundo – la terrible muerte de su propio Hijo. ¿Salen de su corazón palabras de gratitud para decir al Padre celestial "muchas gracias"? No olvide, él ha libertado su alma de la destrucción eterna que vendrá.

Entonces la reprensión para los que están fuera de Cristo:

¿A *quién* pertenece usted? No significa que pertenezca a *esta* o a *aquella* iglesia. Pudiera ser que usted pertenezca a alguna de las más importantes élites sociales del mundo; que usted sea socio de este club o de aquel, o de alguna asociación o logia muy importante. ¿A *quién* pertenece usted? ¿Pertenece a Cristo o a Satanás? Permítame decirle que usted puede pertenecer a Jesús, debido a que él pagó por su rescate mediante su preciosa sangre. Pero, ¿le ha reconocido usted como su dueño y Señor? La iglesia de Cristo está compuesta por aquellos que han reconocido que él murió por ellos en el Calvario. Qué triste es cuando alguien muere y deja una fortuna para usted; y antes de recibirla y disfrutarla usted muere. De la misma manera, si usted no reconoce a Cristo como su dueño, Señor y Salvador, perderá la valiosa fortuna provista por él — la vida eterna.

He escrito estas consideraciones en extenso para que esté en condiciones de apreciar cómo la reprensión aparece de nuevo en la conclusión. Lo que se ha escrito es sólo un desarrollo parcial de una subdivisión; sin embargo, pienso que servirá para nuestro planteamiento. No todas las "reprensiones" serán usadas en la conclusión, sino las que considere más convenientes o más necesarias para la congregación. Veamos:

1. La recapitulación de este elemento — reprensión — para los creyentes, podría ser: "¿Dirá usted: 'gracias, Señor, por salvar mi vida'? ¿Lo hará de tal manera que rápidamente se rinda de todo corazón a él?"
2. La recapitulación de este elemento para los que no han aceptado a Cristo como Salvador, podría ser: "¿Puede decir usted, tal como dice el himno, 'Ya pertenezco a Cristo, él pertenece a mí, no sólo por este tiempo, mas por la eternidad?'"

Desde luego que podría ocupar varias líneas como ésta: palabras escogidas en oración que apuntan y que instan. Ellas llamarán a la mente verdades mencionadas anteriormente que ya han hecho su trabajo transformador a los que tienen corazones "buenos y honestos". Ahora es el tiempo de meter la hoz.

A lo mejor podría usted mencionar uno o dos aspectos y darle especial importancia. Sea como sea, lo positivo es que lo haga con solicitud y afabilidad, tal como lo haría el Salvador de las almas cuando actúa frente a los más negros pecados.

Otra cosa que hay que recordar es que usted *debe* manejar las acciones en forma variada. Esto es muy importante y nos lleva a trabajar cuidadosamente hasta tener la conclusión muy refinada. No use los mismos adjetivos y adverbios para presentar la "reprensión" en cada conclusión. Varíe no sólo el número, sino también la extensión y forma del planteamiento. Me doy cuento que he dicho esto mismo dos o tres veces, pero hay necesidad de decirlo más a menudo, conociendo los resultados en mis propios estudiantes.

D. La última parte de la conclusión. Esto es, al mismo tiempo, lo más importante y lo más difícil. *Procurar levantar el ánimo de los oyentes, en base al recurso escogido.*

En suma, para los efectos de la decisión, ¿cuál fue el recurso seleccionado? ¿Cuál la proposición del sermón? Respondidas estas dos interrogantes, darán con seguridad la respuesta que le permitirán estar preparado para su desarrollo. Sería bueno que viera una vez más la gráfica del bosquejo del sermón aparecido en el capítulo tres.

¿A qué reacción emotiva dirigirá su labor? Esto depende del tipo de mensaje que ha decidido predicar, como también a las necesidades de la congregación. Las reacciones ocurridas durante la predicación de su último mensaje, le indicarán también cómo actuar. A continuación, se presentan algunas cualidades emotivas a las cuales usted puede recurrir. Pienso que esto debe ser algo que debe manejar corrientemente:

1. Simpatía
2. Temor
3. Lealtad
4. Compañerismo
5. Logro personal
6. Reverencia o adoración
7. Amor
8. Gratitud

Hable al corazón. Si desea saber *cómo* puede hacerlo, le sugiero que vuelva al capítulo cinco donde se analizaron las siete formas de apoyo. Cualquiera de las siete fórmulas puede ser aplicable a las cualidades emotivas arriba mencionadas. También se pueden canalizar hacia estos aspectos la proposición y el recurso elegido.

¿Lo hará mediante analogía, por ilustración, hipotético o factual?

¿Por instancia específica, estadística o testimonio personal? ¿Tocará alguna de las cuerdas del corazón del hombre? Bueno, esta es su responsabilidad. Lo mejor que le puedo sugerir es que haga suyo el material que se ha expuesto.

Tarea treinta y tres

Ya hemos completado el sermón. Hemos partido desde el texto hasta llegar a la conclusión. Ya se ha indicado que su sermón debe ser elaborado con la más eficiente preparación. En esta tarea está mi sugerencia más importante: escriba todo el mensaje, desde el texto hasta la última palabra de la conclusión. Si no tiene el tiempo suficiente para hacerlo, prepare un bosquejo completo y escriba la conclusión. Lleve su bosquejo o sermón a su profesor y él lo revisará, enfatizando en su revisión la conclusión.

A continuación, se presenta un análisis evaluativo de un sermón ya delineado, que podrá ser de ayuda para revisar las diversas partes del mismo. El profesor debe reproducir este material para distribuir una copia a cada estudiante por cada sermón analizado.

Análisis de un sermón elaborado

1. *Impresión general.*
   A. ¿Le captiva el mensaje?
   B. ¿Reúne las condiciones para las personas a quienes predicará?
   C. ¿Qué arreglos sugeriría usted?
2. *El bosquejo del sermón:*
   A. Introducción: (indica las ideas principales de la introducción).
      1. ______________________________
      2. ______________________________
      3. ______________________________
      ¿Qué clase de introducción se utilizó?
   B. Las divisiones principales y las subdivisiones.
      1. Exponga las divisiones principales en sus propias palabras o en las del orador.
      I. ______________________________
      II. ______________________________
      III. ______________________________
         a. ¿Fueron bien redactadas? Si no, sugiera cómo mejorarlas.
         b. ¿Se desarrolló la proposición? Si no, indique por qué.
         c. ¿Fueron presentadas con propiedad y convincentemente? Si no, sugiera los cambios.
2. Anote las subdivisiones.
   I. ______________________________
      1. ______________________________
      2. ______________________________
      3. ______________________________
   II. ______________________________
      1. ______________________________
      2. ______________________________
      3. ______________________________
   III. ______________________________
      1. ______________________________
      2. ______________________________
      3. ______________________________

a. ¿Cada una de las subdivisiones interpretan y desarrollan su división principal? Si no, ¿por qué no? ¿Cómo mejorarlas?
b. Su estimación sobre el elemento de comprobación. ¿Cómo mejorarlas?
c. Su opinión sobre el elemento de reprensión. ¿Cómo mejorarlas?
d. Su estimación del elemento de exhortación. ¿Cómo mejorarlas?

3. En cuanto al título del sermón.
   a. ¿Es apropiado para el sermón?
   b. ¿Es claro?
   c. ¿Es interesante? ¿Cómo podría mejorarlo?
4. El texto:
   a. ¿Cómo fue desarrollado? ¿Expositivo? ¿Textual? ¿Temático?
   b. ¿Hay algún texto mejor para este sermón? Si hay, ¿dónde?
5. El tema:
   a. ¿Estuvo consciente en todo momento del tema que estaba desarrollando?
   b. ¿Tenía "vitalidad"?
   c. ¿Es usted una persona mejor porque escuchó el planteamiento de este tema? Sugiera como mejorarlo.
6. La proposición:
   a. ¿Qué principio o principios de análisis se utilizaron?
   b. ¿Se expresó en forma inadecuada?
   c. ¿Estaba tan oculta que no fue posible comprenderla?
   d. ¿Cómo podría usted mejorarla?
7. La conclusión:
   a. Su estimación de la recapitulación de las divisiones principales.
   b. Su estimación de la recapitulación del elemento de "reprensión".
   c. ¿Se sintió animado a tomar acción? ¿Cómo podría mejorarlo?
8. Ilustraciones:
   Anote las ilustraciones y de su impresión acerca de las mejores, y de las que no le satisfacen.
9. Redacción y estilo:
   a. Anote las palabras que fueron mal pronunciadas o mal utilizadas. (Si fue escrito, de ortografía incorrecta).
   b. ¿Cómo podría mejorarse el vocabulario?
   c. ¿Qué tipo de figuras literarias usó?
   d. ¿Cuál fue el rasgo más sobresaliente del orador?

Bibliografía sugerida

Brooks, Phillips. *Lectures on Preaching.* Páginas 255-281.

Blackwood, Andrew Watterson. *The Fine Art of Preaching.* Páginas 99-112 y páginas 125-138.

Spurgeon, Charles H. *Lectures To My Students.* (Condensado por David Otis Fuller), Páginas 208-220.

Capítulo 8

Redacción e ilustración del sermón

La corona sin estrellas

Fatigado y agobiado por el terrenal cuidado, me decidí a reposar.
Súbitamente, ante mi extasiada vista se presentó una gloriosa visión.
Escuché la voz argentina de un ángel, en medio de la radiante luz que llenó mi cuarto mientras dormitaba en mi diván, en la abatida y solemne noche.
Luego con gentil ademán me despertó, y en suave susurro me dijo: "¡Levántate, oh durmiente, sígueme!" Y suspendidos en el aire volamos;
una esfera cada vez más pequeña – la Tierra – quedó allá lejos.
Y la gloria celestial, en medio de la diáfana calma, guio nuestro luminoso sendero.

Mientras íbamos, mi ser se vistió de silencioso éxtasis;
y me embargó tal gozo por lo que luego verían mis ojos . . .
No supe cómo viajé a través de la senda celeste, hecha un campo de luz Súbitamente algo sucedió y me vi vestido de alba túnica.
Las murallas de una ciudad maravillosa se presentaron a nuestra vista.
Pasamos por puertas de brillantes perlas y caminamos por calles de oro.
La ciudad no tenía sol para el día, ni luna de plata para la noche.
La gloria del Señor moraba allí y el Cordero mismo era la luz.

Más bello que todo, vi el rostro de mi Salvador,
y cuando le contemplé, él me sonrió con amor y gracia.
Lentamente me incliné delante de su trono regocijándome que, al fin, había obtenido el objeto de mi esperanza, cuando la Tierra ya había pasado.

Entonces en solemne tono me dijo, "¿Dónde está la corona que debe brillar en tu frente, adornada de perlas?
– Sé que has creído en mí, y la vida por mí, es tuya, pero,
¿dónde están las radiantes estrellas que en tu corona deberían brillar?
"No dije que caminaras solo la senda de la vida,
sino que la diáfana y brillante luz, la cual alrededor de tus huellas relució, guiara a otros fatigados pies a mi mansión gloriosa a descansar.
Y bendiciendo a ellos, te bendecías tú". –
La visión se desvaneció de mi vista; la voz no más se escuchó;
el encanto se esfumó para mi alma. Se fue como había venido.
Cuando contemple a mi rededor, la luz vacilante del alba llegaba.
Mi espíritu se quebró, oprimiendo mi alma por la solemne visión nocturna.

El gozo de mi se fue, me levanté y lloré al pensar que
aún hora tras hora mi fe por las obras debería mostrar.
Que todavía algunos pecadores de mí escucharían del amor del mortecino Jesús.
Que a otros guiaría, fatigados y sedientos a las moradas de lo alto. Y ahora, que en tierra estoy, mi divisa es "Ya no vivir más para mí, sino para el que murió por mí".
Y he de grabar en mi recóndita alma, las palabras de la verdad divina "Los que retornaron al bienamado Jesús, como las estrellas brillarán".

Capítulo 8
Redacción e ilustración del sermón

Diré algunas palabras acerca del propósito de este capítulo. Tal como se declaró al comienzo de este estudio, nuestra intención es que el material que se ha entregado sea de utilidad práctica. Al mismo tiempo, tenemos que reconocer que lo práctico a veces llega a ser poco interesante e incluso monótono para algunos, sin inspiración ni ánimo. Por nuestra parte, estamos convencidos de que, si usted ha seguido cuidadosamente los pasos sugeridos en los siete capítulos ya analizados, estará, sin duda alguna, en condiciones de formular efectivamente un bosquejo para sermón. De buen bosquejo a buen sermón es ahora nuestro enfoque.

Corriendo el riesgo de ser mal interpretado, me he aventurado a proponer otra definición para sermón:

"Un sermón equivale *palabras*".

Palabras son los vehículos del pensamiento. Pero nadie se obliga a subir al vehículo suyo si no lo desea. El hombre sentado en la banca que le mira a usted no está necesariamente viajando con usted en pensamiento. Si no le agrada su medio de trasporte mental, no subirá. Si el vehículo es muy antiguo sin nada atractivo, decide no viajar con usted. Si es el mismo carro en que siempre ha subido con usted hasta que él conoce cada perno y tuerca – es decir que conoce cada coma y punto y coma, escogerá quedarse y no subir. Si fuera demasiado novedoso y con muchas sorpresas podría retroceder por temor al fracaso o por sospechar que le dará vergüenza al final. No se olvide que puede bajarse en cualquier estación en camino. Todo el tiempo está sentado frente a usted (si fuera un anciano o diácono bien entrenado), podría tener una expresión muy benigna y usted piense que está disfrutando el viaje con usted cuando en realidad nunca dejó la estación de sus propios intereses. Verdades son buenas, pero son llevadas en palabras. Las palabras componen la parte más importante de todas las partes de su sermón – porque su sermón es palabras.

Es muy posible – siguiendo con nuestra figura literaria coma que su oyente se baje en alguna de las estaciones de la ruta. Supongamos que el oyente que está delante de usted es un paciente hermano (diácono o anciano) el cual le muestra la expresión más benigna en su rostro; y usted muy complacido pensará que él está viajando sin problemas. Sin embargo, él nunca ha dejado la "estación" – en otras palabras, no ha hecho viaje alguno. ¡Terrible, ¿no?! Las verdades son buenas como buenas son las aplicaciones, pero ambas "cabalgan" en palabras. Las palabras son lo más importante en todo el sermón; porque el sermón es *palabras.*

Me voy a tomar la libertad de sugerir algunas cosas acerca de las palabras:

Tarea treinta y cuatro

Usted debe conocer las reglas gramaticales básicas.

Parecerá extraño pero los alumnos egresados de la secundaria y preparatoria tienen una noción muy rudimentaria del correcto uso de la gramática española. A continuación, se presentan algunos de los errores más comunes que acontecen en las clases de homilética, cuando llega el momento de hablar o redactar escritos:

Mal uso de formas verbales en la oración:

a. El uso de "hubieron" en lugar de hubo.
b. El uso de "echo" en lugar de hecho.
c. El uso de "haiga" en lugar de haya.
d. El uso de "neva" en lugar de nieva.
e. El uso de "a" en lugar de ha. (En las formas verbales compuestas.)

Le sugiero que a manera de ejercicio formule dos oraciones por cada una de las palabras correctas.

Podríamos actuar como el avestruz si lo quisiéramos y esconder nuestra cabeza en la arena y rehusarnos a hacer algo para mejorar nuestra redacción, la ortografía y la mala pronunciación. Tanto usted como yo, sabemos muy bien que una gramática correcta favorecerá la efectividad de nuestro ministerio. Le ruego que no se ofenda por lo siguiente. Sé muy bien que todos los que leen este libro son estudiantes educados, o ya egresados de secundaria; pero déjeme hacerle la siguiente pregunta, misma que yo me haré, ¿Hemos aprendido suficiente gramática al término de nuestra educación? Si hemos aprendido poco, ¿será menor nuestra responsabilidad como ministros?

Para mayor profundización de esta área, le sugiero que recurra a libros que le entreguen suficiente ayuda para este efecto.

No obstante, quiero indicarle que hay una maravillosa y efectiva manera para el correcto uso de las palabras: práctica, práctica y más práctica. Cuando digo práctica hablo de redacción, de lenguaje tanto escrito como oral.

El siguiente material que se incluye puede serle de gran utilidad. Por otra parte, cualquier profesor puede hacer uso de él y llevarlo inmediatamente a la práctica con sus alumnos. Si al comienzo le resulta difícil hacerlo, ejercite hasta que lo logre sin mayor dificultad. Nunca olvide que su capacidad de predicador está en juego.

He aquí nuestro primer ejercicio:

A. *Corrija los errores de semántica que se observan en las siguientes oraciones; preste atención a las palabras escritas en itálica:**

1. El pastor escudriñó el paisaje distraídamente.
2. El estudiante escuchaba sin prestar atención.
3. Predicó un lacónico mensaje de dos horas.
4. El anciano fue visto sentado en el dintel de la puerta.
5. En una larga charla narró brevemente sus peripecias.
6. El rostro del enfermo se veía lívido como la cera.
7. Se puso un sombrero de enormes proporciones.
8. La fiesta dominical fue un gran suceso.
9. La vegetación amazónica se presentaba lujuriosa.
10. El atleta se entrenaba a diario en el estadio.
11. Actuaba como espartano no cumpliendo las reglas.
12. Entró sin ser visto y logró pasar desapercibido.
13. El Sol brillaba en un cielo inmarcesible.
14. No te dejes influenciar por ese malvado.

*Se recomienda consultar el diccionario.

B. *Con la ayuda del diccionario analice el significado de las palabras de cada grupo, y construya oraciones ilustrando su uso.*

1. Evaluar, medir
2. Lívido, pálido
3. Prometer, asegurar
4. Inaugurar, comenzar
5. Aceptar, exceptuar
6. Sarcasmo, ironía
7. Simple, sencillo
8. Propiciar, auspiciar
9. Tráfico, tránsito
10. Artista, artífice
11. Presentar, introducir
12. Conducir, manejar
13. Acordar, concordar
16. Actitud, aptitud
17. Habilidad, destreza
18. Reasumir, resumir
19. Aplicado, estudioso
20. Coraje, enojo
21. Defender, proteger
22. Aludir, eludir
23. Reparar, componer
24. Digerir, ingerir
25. Fragante, flagrante
26. Arrear, arriar
27. Árido, estéril
28. Afección, afición

14. Aprender, aprehender
15. Descubrir, inventar
29. Apercibir, percibir
30. Instrucción, educación

C. *Complete la oración con la forma verbal correspondiente, según el verbo del paréntesis:*

1. Yo __________ al templo cada domingo. (ir)
2. Me __________ de su amistad. (complacer)
3. Si tú __________ la ley, cometerías un error. (abolir)
4. __________ venir a diario, ¿qué te ha pasado? (soler)
5. Si no os ________________ todos pereceréis, igualmente. (arrepentir)
6. Fue __________ a primera hora. (absolver)
7. __________, levantad vuestras cabezas, la salvación está cerca. (erguir)
8. Si él __________ habría entrado al túnel. (caber)
9. __________ cual ave a su nido. (huir)
10. Junto a aguas de reposo me __________. (pastorear)
11. __________ mi cabeza con aceite. (ungir)
12. Id por el mundo y __________ mi el evangelio. (predicar)
13. __________ sangre y agua por sus nobles heridas. (verter)
14. Si tú lo __________, confiaría. (hacer)
15. __________ al hombre de la faz de la tierra. (raer)
16. ¿__________ a Dios? ¡Cuidado! Él no es igual a nosotros. (tutear)
17. Si no tengo amor, soy como metal que __________. (resonar)
18. Pudo ser __________, pero prefirió morir por nosotros. (absolver)
19. Un neófito se __________ con su sermón. (envanecer)
20. __________ el templo de vuestro corazón, si queréis bendición. (purificar)

D. *Rectifique la grafía y/o la acentuación de las siguientes palabras o expresiones de uso común.*

1. Sútil ________________________________
2. Méndigo ________________________________
3. Supremacia ________________________________
4. Delicuente ________________________________
5. Ojála ________________________________
6. Veemos ________________________________
7. La problema ________________________________
8. El labor ________________________________

9. Modestía ______________________________
10. Subir para arriba ______________________________
11. Tactíl ______________________________
12. Desahúcio ______________________________

Tarea treinta y cinco

Después del ejercicio realizado, que creo le ha servido de actualización de sus conocimientos, le pregunto, ¿cómo está ahora su vocabulario? Por otro lado, ¿Usa siempre los mismos vocablos para expresar ideas similares? Bueno, ahora encontrará treinta frases y oraciones que se escuchan frecuentemente en los servicios de la iglesia. No son oraciones "prefabricadas", son reales y actuales. Entendemos que existen mejores palabras para redactar y expresar con éxito y acierto los pensamientos y las ideas. De ahí la importancia y necesidad prioritaria de utilizar vocablos más significativos y relevantes. ¿Podría usted redactar estas oraciones y frases, de tal manera que den mayor realismo? La verdad es que no están elaboradas incorrectamente (con un par de excepciones), sin embargo, los vocablos empleados son de uso frecuente y el uso excesivo de estos, hace que pierdan eficacia. Las verdades que las oraciones encierran se diluyen, por lo tanto, es conveniente proveerles de mejor "vehículo". ¿Tendría la bondad de rehacerlas utilizando mejores vocablos? Además de estas, ¿puede escribir cinco oraciones que se dicen comúnmente en la congregación suya y redactar una mejor manera de expresarlas?

1. "Estamos adorando al verdadero y único Dios Viviente".

   ____
2. "Esta es la América Cristiana".

   ____
3. "Cuando completamos nuestro estudio . . ."

   ____
4. "Deberíamos huir de la falsedad".

   ____
5. "Deberían recibir la palabra de Dios".

   ____
6. "¿Qué haremos para salvar nuestras almas?"

   ____
7. "¿Ha pensado en aceptar a Cristo como su Salvador?"

   ____
8. "Cristo nos está llamando".

   ____
9. "Anduvo sin mancha por el mundo".

10. "En la vida hay un lado positivo y uno negativo".

11. "Este es el fundamento de nuestra fe".

12. "El hombre procura aquello que es más alto y más noble".

13. "La invención producto de la imaginación".

14. "Dios ha dirigido siempre la adoración del hombre".

15. "Una gran nube se cierne sobre el monte Sinaí".

16. "Ellos deben actuar con total obediencia".

17. "Jesús habló, como ningún hombre lo hizo".

18. "El espontáneamente repuso . . ."

19. "La revelación de Dios proviene de lo alto".

20. "El libro divino, inspirado por Dios".

21. "La esperanza del mundo".

22. "El lugar eterno espera arriba".

23. "El poder del Espíritu Santo".

24. "El Redentor de todas las edades".

25. "Cristo murió en la cruz por usted".

26. "Debería tener mayor preocupación por las cosas espirituales".

27. "Todo depende de la decisión que usted tome".

28. "Este es, ni más ni menos, el punto esencial".

29. "Actúe de tal manera que . . ."

____

30. "No hay otro camino".

____

No es fácil lograr la habilidad para encontrar las palabras más significativas. No obstante, cada minuto que ocupe en aprender lo que más conviene a la verdad, es invertir en beneficio de la más valiosa enseñanza que puede recibir en el mundo.

Añado que, a pesar de estar bien redactado su mensaje, si no es entregado de todo corazón y con toda el alma a la congregación, no tendrá ningún valor y su labor será en vano.

No significa que haya que agregar muchas palabras a nuestro vocabulario (aunque este debe estar siempre enriquecido), lo que necesitamos es aprender el verdadero significado de las palabras que utilizamos y su correcto uso. Esta indicación nos llevará a nuestra próxima tarea.

Tarea treinta y seis

Conozcamos algunas figuras literarias que darán mayor expresión y vitalidad a nuestro lenguaje.

1. *La parábola:* Las parábolas de Jesús son poderosos ejemplos de los recursos literarios del idioma. ¿Podría crear de su propia pluma, alguna parábola que sea capaz de llevar la verdad al corazón de los oyentes? Este medio literario es una enseñanza que usa la comparación, poniendo frente a frente lo conocido con lo desconocido. Vea 2 Samuel 12:1-6; 14:1-24; 1 Reyes 20:35-43, para posibles parábolas del Antiguo Testamento.

Invente una historia o una parábola para ilustrar las siguientes verdades:

a. La falta de amor fraternal.

b. Los beneficios del estudio bíblico.

c. Los grandes perjuicios de la murmuración.

2. *La metáfora y el símil:* Tanto la metáfora como el *símil*, son figuras literarias que se basan en la semejanza. La diferencia entre ambas puede ser apreciada en el planteamiento de Jesús, cuando, refiriéndose a Herodes, dijo: "ve y dile a esa zorra" (Lucas 13:32). Aquí utilizó una metáfora. Si hubiera dicho: "Herodes es como una zorra", habría usado un símil. Las palabras "semejante", "como" y "similar" son propias del símil.

¡Qué gran significado y fuerza podríamos dar a nuestros mensajes, si hiciéramos uso adecuado de estos recursos del lenguaje! Por lo tanto, deberíamos conocerlos y manejarlos sabia e inteligentemente. Existen algunas reglas para el uso correcto de estas figuras literarias. Las metáforas son incorrectas cuando se construyen en alguna de las siguientes maneras:

a. Cuando una aseveración literal y otra figurativa están combinadas en una oración, basadas sobre una misma persona, lugar o cosa. Observe: "La Biblia es una verdadera mina de oro. Contiene 66 libros".

El problema radica en que la idea no encuentra ajuste entre lo figurativo y lo literal, como sucedió aquí. Significa que no hay compatibilidad entre los dos elementos.

b. Cuando dos comparaciones contradictorias aparecen en la misma oración, se conocen como metáforas mezcladas.

"Sus padres le pavimentaron el camino en medio del tormentoso mar de la tentación".

¿Cuál es el hecho que se plantea aquí? Bien sabemos lo que la Biblia dice de los senderos del mar (Salmo 8:8), que es distinta a la manera como se establece arriba.

c. Cuando no hay suficientes elementos de sorpresa, la metáfora resulta débil. Cada aspecto de la metáfora debe impactar la mente de los oyentes.

Cuando usted dice, "Nueva York es la Londres de América", ha utilizado dos cosas demasiado similares como medio de compa- ración.

d. Cuando la metáfora es "llevada demasiado lejos", es decir tiene exceso de comparaciones, se convierte en algo absurdo. Acerca de por cuánto tiempo exponer la metáfora a su audiencia, es cuestión que usted deberá juzgar, lógicamente teniendo en cuenta las circunstancias.

Tenga presente que cualquier hecho que haga defectuosa su metáfora, será igual para con el símil. Vea Isaías 29:8; 55:10-11; 1:8- 9; Lucas 7:32; Mateo 23:27. Todas estas citas incluyen símiles.

3. *La alegoría:* Una alegoría se puede definir como una metáfora extensa o prolongada. Esta diferencia se observa perfectamente; sin embargo, en la metáfora el objetivo real debe ser expresado; no así en la alegoría, la cual requiere que se mantenga distante este objetivo y que sólo sea indicado a través del lenguaje figurado. Un buen ejemplo de una alegoría es *El progreso del peregrino.* Vea Eclesiastés. 12:2-6; Mateo 9:16-17; Efesios 6:11-17.

Ejercicios:

a. Identifique en las siguientes oraciones las que contengan una metáfora o un símil:

(1) "Efraín fue torta no volteada".

(2) "Israel es un vino lujurioso, que magnifica su fruto..."

(3) "Jacobo y Juan, columnas de la iglesia".
(4) "El reino de los cielos es como diez vírgenes".
(5) "Yo soy la vid verdadera".
(6) "El reino de los cielos es como una red que se arroja al mar".
(7) "Destruid este templo y en tres días lo levantare".
(8) "Sepulcro abierto es su garanta; con su lengua engañan. Veneno de áspides hay debajo de sus labios".
(9) "Guarda . . . mi ley como las niñas de tus ojos".
(10) "Como la puerta gira sobre sus quicios, así el perezoso se vuelve en su cama".

b. Formule una metáfora y un símil para los siguientes títulos:
(1) El camino al cielo.
(2) El poder del evangelio.
(3) La fortaleza obtenida mediante la oración.
(4) La necedad de la mentira.
(5) La necesidad del estudio.

c. Lea Salmo 80:8-15 e Isaías 5:1-7 y encontrará hermosos ejemplos de alegorías bíblicas. ¿Podrá hacer una alegoría que hable del amor de Dios para con el hombre?

d. Resuelva en su corazón que aprenderá utilizar bien estas figuras literarias.

4. *La personificación y el apóstrofe:* Hemos incluido juntos estos dos recursos del lenguaje, debido a sus características similares. La personificación se refiere a dar atributos humanos a los objetos inanimados. Ejemplos:

"La sabiduría clama en las calles".

"Las estrellas matinales cantaban juntas".

No sólo se personifica a los objetos inanimados y abstractos, sino que también se da trato humano a los animales.

El apóstrofe es cuando palabras se dirigen a un objeto inanimado, como si este fuera una persona. Asimismo, aquello ausente o inerte también es posible personificarlo con un apóstrofe. Esta figura literaria da vida a lo inanimado, de la misma manera que lo hace la personificación, pero el elemento de decirle palabras hace la diferencia. Vea Isaías 14:12-20. Ahí hay un ejemplo notable.

5. *La metonimia y la sinécdoque:* D. R. Dungan realizó un excelente trabajo sobre estas figuras del lenguaje en su libro *Hermeneutics*, páginas 270-314. Entregamos algunos extractos de su ensayo: "Metonymy. – La etimología de la palabra indica su significado. Proviene del griego *meta*, cambio, y *onoma*, nombre; tenemos entonces: un cambio de nombre; es

decir el empleo de un nombre o palabra por otro". Webster dice de esta figura literaria:

> Es un medio que permite que una palabra reemplace a otra; un cambio de nombres entre los cuales hay alguna relación; como cuando decimos que una persona gusta de la buena mesa, en vez de decir que gusta de buenas comidas; o si decimos que leemos a Virgilio – para indicar sus poemas y demás escritos; o cuando el texto bíblico dice 'tienen a Moisés y a los profetas' – esto es a sus libros; o un hombre es de cabeza despejada, para indicar que goza de buen entendimiento; al contrario de aquel que es calificado de cabeza caliente – esto es, de mal razonamiento.

"Muchas veces esta figura tiene elementos parecidos a la metáfora y a la alegoría. Todas las figuras del lenguaje están relacionadas una con la otra según el propósito de comparación de una cosa con la otra. La metonimia es una de las figuras de retórica más precisas. Es conveniente que a cada división y subdivisión le proporcionemos reglas precisas en la exegesis según la contengan los pasajes correspondientes".

No es nuestro propósito entregar un extenso análisis de estas figuras del lenguaje, susceptibles de ser encontradas en la Biblia. Es suficiente saber su significado y que aparece en el texto. Aquí tenemos algunos ejemplos:

1. *Metonimia de causa*, en la cual la causa establece el efecto. "Mas vosotros no habéis aprendido así a Cristo", es decir, ustedes no han aprendido de esta manera las enseñanzas de Cristo.

"El velo es quitado por Cristo". Aquí la palabra Cristo se presenta para dar a conocer el nuevo pacto, del cual él es el autor.

"Porque la letra mata, más el Espíritu vivifica"; la palabra Espíritu se emplea aquí para la nueva institución que ha sido creada por su inspiración".

2. *Metonimia de efecto*: en la cual el efecto establece la causa. "Echa tu pan sobre las aguas; porque después de muchos días lo hallarás".

"Mira, yo he puesto delante de ti hoy la vida y el bien, la muerte y el mal".

3. *Metonimia de objetivo*, en la cual el objetivo es anunciado mientras algunas propiedades de este son planteadas; las cosas son significativas, más el objetivo tiene prioridad en su mención.

"Amarás al Señor tu Dios con todo tu corazón". Esto quiere decir los afectos, o sea lo prioritario y principal. En Hechos 4:32, se dice que los discípulos eran de un corazón y un alma – esto es que ellos eran de un sentimiento, un deseo, una fe y de un ánimo grande para alabar el nombre del Señor.

Sinécdoque: Tropo que consiste en extender, restringir o alterar la significación de las palabras tomando el todo por la parte, o vice- versa; el género por la especie o, al contrario, etc. Por ejemplo: el hombre, por el género humano. La palabra en cuestión proviene del griego "recibir juntamente".

Otros ejemplos:

"Hemos hallado que este hombre es una plaga y promotor de sediciones entre todos los judíos por todo el mundo". Por todo el mundo es mucho decir, sin embargo, es para entender mejor la intención del autor, que así se expresa. Leemos de igual forma en Romanos 1:8, la fe de los creyentes se había divulgado "por todoel mundo".

"El reino de los cielos es semejante a un grano de mostaza". Sería algo torpe pensar que el reino de Cristo es tan pequeño como esta semilla y a su vez abarca a todo el mundo. He ahí la sinécdoque.

Bueno sería revisar los sermones que hemos escrito, o los que tengamos a mano de otros autores para encontrar cada una de las figuras literarias que pudieran contener. (La *Serie de Sermones Clásicos* pudiera ser una buena fuente.) En el caso de que algunos mensajes incluyeran pocas figuras del lenguaje, sería una situación poco alentadora. Hemos dado ejemplos tomados de las Escrituras para que se dé cuenta que los escritores divinos utilizaron estas figuras literarias en todo momento. Alguien contó 164 metáforas en los tres primeros evangelios. Si el Espíritu Santo hizo uso de estos elementos para revelar la eterna verdad a la mente humana, "ve y haz tu lo mismo". Pero como todos los buenos hábitos, esto es posible experimentar con éxito sólo a través de la práctica constante.

Existe la posibilidad de que muchos de los lectores hayan estudiado estas figuras del lenguaje anteriormente; sin embargo, es posible que nunca les haya visto aplicación práctica en la importante misión de predicar la Palabra. ¿Acaso cerrará el libro y se olvidará de asunto tan importante? ¿Tenemos un buen nivel en nuestras expresiones tanto orales como escritas? ¿Cree y aceptará que el material que está estudiando conmigo le es y será de gran ayuda? Aprovechemos estos conocimientos, mirándolos con optimismo. Cada una de las figuras literarias del lenguaje deberían ser utilizadas en cada una de las partes del mensaje, y en aquellos que a manera de ejemplo hemos dado. Para ello utilicemos los elementos de "comprobar, reprender y exhortar". Qué maravillosos recursos y convincentes sermones elaboraremos y asimismo entregaremos si sólo lo intentáramos. ¿Invertirá tiempo y mucha reflexión para hacerlo como aquí se le ha sugerido? Las almas y el cielo esperan su decisión.

4. *La memorización de las Escrituras mejorará la elaboración de su mensaje más que otra cosa.*

Pero, ¿cómo y en base a que memorizaremos las Escrituras? Le diré, antes que nada: cualquiera, si lo desea, puede memorizar la Palabra de Dios. Esta aseveración se basa en la experiencia. Cualquier parte del libro de Dios que se memorice es buena y todos los que deseen pueden memorizar alguna porción de la Biblia. Si no puede lograrlo con cinco versículos, inténtelo con uno. Si no es capaz de memorizar uno, hágalo con una parte de él. Hay los que dicen: "Yo *no puedo* memorizar, no se me queda nada en la mente". A estas personas es mejor decirles que digan la verdad, es decir que no quieren memorizar. Le diré muy sinceramente: usted, como predicador, debe anhelar memorizar su Palabra. Hay múltiples bendiciones en esta santa tarea. Agreguemos a esto mayor conocimiento, crecimiento espiritual para vencer el pecado. No

obstante, mi propósito no es defender esta práctica, sino enseñarla. A continuación, encontrará algunas sugerencias que he encontrado de gran ayuda para la memorización.

a. *Hágase el propósito de nunca memorizar un pasaje con el propósito de exhibir su habilidad.* Cuando alguien cita de memoria un pasaje en forma *artificial y afectada*, hay que entender que es un pecado contra Dios. Hay dos extremos en esto. Uno, es rebajar el significado; en esto las palabras salen en tropel. No se ha visto nada, ha sido sólo una ceremonia más. O algo peor, la artificialidad con que el orador habla, cuando 'pone' tanto énfasis que el significado no alcanza a ser discernido por los oyentes. Hay ministros que tienen 'tono especial de predicador', cuya voz se levanta y baja bruscamente. Da la impresión de ser como los movimientos de la marea. Esto se puede graficar en alguna medida con el siguiente poema humorístico:

En ese momento, allá a lo lejos el paisaje
llega a mi vista con resplandor incierto,
y la brisa vestida de solemne traje
saluda al silencio con bostezo cierto.
Excepto por el 'sesudo' predicador
que da vueltas y vueltas a su 'vuelo' monótono,
y el sermón como cencerro adormilador,
arrulla al adormecido rebaño con perezoso tono.

(Con disculpas a la elegía de Gray, de *The English of the Pulpit*, por Lewis H. Chrisman, página 117.)

Usted debe citar la Escritura en la forma más natural que sea posible, poniendo todo el énfasis en el significado del pasaje citado. Lo que quiero decir es que no piense en agregar a la porción escogida un 'toque mágico". Lo que se debe hacer es entregar 'palabras para la diaria edificación de hombres y mujeres', palabras que salgan del corazón, como si usted fuera el autor de ellas.

b. *Haga un bosquejo del pasaje y memorícelo.* Debe hacerse antes de empezar a memorizar cualquier porción del pasaje. Este bosquejo debe ser lo más breve posible. Debe tener directa concordancia con el texto. Escríbalo a mano o a máquina en una tarjeta que cabe fácilmente en la mano y luego memorícelo. (El cómo hacerlo, se verá más tarde).

c. *Lea el pasaje que va a ser memorizado en voz alta 25* veces. Mi experiencia es que no deben ser seleccionados más de quince o veinte versos para la memorización. El leerlos en voz alta favorecerá la retención. La lectura deberá hacerse con entonación adecuada y con el énfasis correspondiente. Póngase en su imaginación entre los primeros que leyeron y que oyeron estas palabras. Por supuesto esto significa leer sobre el trasfondo histórico del pasaje. Ahora, si lee el pasaje sin el énfasis apropiado, igual cosa le sucederá cuando lo utilice en un mensaje.

d. *Aprenda de memoria un versículo o idea a la vez.* El procedimiento es el siguiente: Observe el versículo y léalo en silencio. Luego léalo en voz alta y visualice, al mismo tiempo, las personas para quienes tendrá especial aplicación. Ahora cierre los ojos y trate de decir el versículo de memoria. Yo no tengo 'mente fotográfica', y sé que tampoco usted la tiene; pero una cosa que ayuda mucho es escribirlo en un pizarrón. Desde luego, que a falta de pizarrón tendrá que escribirlo en un papel. Tome un versículo o idea a la vez para ser memorizado. Si desea, puede agregar una idea adicional con el mismo propósito. Si hace el ejercicio precedido de oración y luego memoriza los versículos, tanto mejor. Mientras está de rodillas creará una atmósfera propicia para que Dios le hable a través de su Palabra. De seguro que él lo hará.

No existe razón poderosa para que los jóvenes que se inician en el ministerio, no puedan acometer la tarea de memorizar todo el Nuevo Testamento en unos pocos años. Para retener lo que ha memorizado, deberá repasarlo periódicamente; y cuando ha repasado lo suficiente algunos pasajes, nunca se olvidarán. Sé muy bien lo que digo, por eso me atrevo a sugerirlo.

Ejercicios:

a. Prepare un breve bosquejo de Hechos 4:1-12 y apréndalo de memoria.

b. Prepare para la memorización de este pasaje, leyendo sobre el trasfondo. No agregaré nada acerca de las muchas fuentes a las cuales usted puede recurrir. Confío que ellas le sean disponibles.

c. Lea este pasaje en voz alta 25 veces. Hágalo con énfasis y con entonación adecuada. Lo puede hacer de una sola vez o en varias oportunidades.

d. Comience con el versículo uno. Léalo en silencio; después en voz alta como si la congregación lo estuviera escuchando. Cierre sus ojos y reténgalo en la mente. Dígalo en voz alta. Abra sus ojos y repítalo ahora con énfasis e intención. Si no es capaz de decirlo o retenerlo, repita el ejercicio hasta que esté en condiciones de hacerlo correctamente.

e. Haga esto con cada uno de los versículos. Después que lo haya hecho con los demás, necesitará el bosquejo que le permitirá relacionar los versículos.

f. Haga lo mismo con Romanos 8:1-11 y Filipenses 2:1-11. Después que los ejercicios se hayan completado en casa, se repetirán los pasajes en clase.

Ilustrando el Sermón

Esta sección, como las precedentes, no será analizada en forma exhaustiva. Nos acomodaremos a las palabras de Pedro: "porque no podemos dejar de decir (escribir) lo que hemos visto y oído". Hay calificados libros de homilética, en los que se presentan ilustraciones de todo tipo para los sermones. Le sugiero que los lea y saque el mayor provecho posible. (Vea la bibliografía en español.) Nos referiremos de inmediato al correcto uso de las ilustraciones. Para salir adelante con este objetivo, sugerimos ciertos tipos de ilustraciones por orden de importancia y algunas indicaciones útiles para su correcto uso.

1. *Ilustraciones de la Biblia.*

Esta es la primera y mejor fuente de ilustraciones. Para los que están recién familiarizados con la Biblia y para quienes necesitan estimular su memoria, creemos que un libro de temas bíblicos sería de gran ayuda. Yo me entretengo bastante con este tipo de ilustraciones. No obstante, hay algunas cosas que hay que evitar como una plaga. Una es presentar la ilustración con una introducción con expresiones tales como: "Ahora ilustraré este punto", o "Hay una historia en la Biblia", o "Todos ustedes conocen la historia" o "Ustedes conocen la historia. . . ." Todas estas 'introducciones' deben ser evitadas y nunca usarlas. Usar estas expresiones es menospreciar la inteligencia y el saber de los oyentes. Hay que decirlo de manera tal que no produzca malestar a nadie.

El hecho de dar a conocer un incidente bíblico que le sirva para ilustrar un punto, no es garantía de que sea de ayuda verdadera a su mensaje. Por cierto, si plantea algo equivocadamente, producirá más daño que beneficio. No significa que la Palabra de Dios no produzca bendición, sino que el mal uso que se haga de ella lleva consigo daños y perjuicios.

Por ejemplo, supongamos que usted desea utilizar la historia de David y Goliat para ilustrar algún punto. Lo primero que hay que definir es, ¿cuál es el *punto exacto* que va a ser ilustrado? ¿Se refiere a la valentía? ¿Es la sabiduría, la fuerza, la fe? ¿Bajo qué condiciones? ¿Existen condiciones similares a la historia de David y Goliat para hacerla aplicable? Hay que conocer el *punto preciso* que se desea ilustrar. Luego, lea cuidadosamente la historia de David y Goliat no confíe en su memoria. Aunque la haya leído muchas veces, léala una vez más antes de utilizarla para una ilustración de tal manera que leyendo la historia, guarde en su mente el punto particular que desea ilustrar.

De esta manera ponga toda la historia en un "embudo" para que pase a través de la abertura pequeña. ¿Sirve esta historia para ilustrar el *punto preciso*? Si encuentra que no pasa a través de este 'filtro', el material en referencia no servirá y habrá que dejarlo a un lado.

En favor del énfasis diremos que la historia en este caso es aplicable. Usted visualizará aquí y allá muchas pistas o ayudas para su pensamiento. El siguiente paso es rehacer las circunstancias de la parte de la historia que desea utilizar. A menos que usted tenga tiempo de sobra, más del que nosotros tenemos, (y que la paciencia de la congregación sea grande) usted usará solamente las partes más pertinentes de la narración que realmente sean de utilidad. Prepare una breve introducción al incidente central que ha escogido. Recuerde que toda ilustración ya está completa, de modo que deberá tratarla así y no como elemento decorativo del sermón. Si piensa que estoy exagerando la importancia que tiene la ilustración, debería coincidir conmigo y recordar que de los buenos sermones que ha escuchado, lo que más recuerda son las ilustraciones. Si le resultó imposible para la gente recordar su ilustración, es casi seguro que el sermón correrá la misma suerte. Todo será olvidado.

El siguiente paso en la formulación de la ilustración bíblica, es decidir quién va a ser el personaje principal de su historia. ¿Desde el punto de vista de quién contará esta historia? ¿Será de punto de vista omnisciente – es decir, como fuera un espectador que pudiese ver todos los detalles de toda la historia? Este es el más débil en mi opinión. El propósito aquí no es de ser objetivo y ajeno a la acción — si es que desea que la historia tenga vida para los que escuchan.

¿Contará la historia desde el punto de vista de David? ¿O quizás desde la perspectiva de uno de sus hermanos envidiosos? Podría contarla desde el punto de vista del escudero de Goliat.

Al decidir, introduzca el punto y *conviértase en esa persona.* Tal vez no sea posible retener la narración en primera persona hasta acabar con la ilustración, pero manténgala así hasta donde pueda. Esto puede ser exagerado en extremo y requiere habilidad para no pasarse de la línea, actuando para impresionar a la gente y no con sinceridad. La audiencia detectará de inmediato cualquier afectación. Recuerde que "los espíritus de los profetas están sujetos a los profetas" y usted debe dar la impresión definida de que está sujeto, y demostrarlo con hechos tangibles. Esto significa que hay que aferrarse a lo real de la historia, y conviene que la congregación sienta que usted pone todo de su parte en beneficio de ella.

Toda ilustración debe presentarse en pocas palabras. No es necesario hacer una narración en cada sermón. Cuando usted use una historia bíblica como ilustración, siga las sugerencias dadas anteriormente y actúe de tal manera que cobre vida en los que le escuchan. La verdad del libro santo arderá como llama en sus huesos y conseguirá que la gente salga abrasada en el Espíritu.

2. Una buena fuente para conseguir ilustraciones son las biografías, libros de historia, de literatura y periódicos.

Puesto que nada es más interesante que las personas, las ilustraciones provenientes de biografías son, probablemente, las mejores. Una buena lista de biografías cortas se encuentra en el libro de Webb B. Garrison *The Preacher and His Audience*, páginas 137-138. El material aquí expuesto debe ser aprovechado con todas las recomendaciones que se dan para las narraciones de las Escrituras. Lea el contenido hasta que pueda contarlo con aplomo y con sus propias palabras. Use la primera persona cada vez que sea posible.

Los hechos más significativos en la vida de sobresalientes hombres pueden ser los mejores para una ilustración. Los deseos y los sueños de los hombres han cambiado poco en la historia del hombre. Las virtudes y los vicios se han prolongado hasta hoy dejándonos varios ejemplos. Como en las ilustraciones bíblicas, los hechos de estos hombres y mujeres deben ser asimilados por usted primero y después sacarlos del pasado para sus oyentes. Sería una maldad cerrarnos y no conocer lo bueno y lo malo de la gente famosa, para ir apartando material para ilustraciones. Necesitará hacer algunas marcas y anotaciones en esos libros para lograr retener lo más significativo que ha leído.

3. *Experiencias y observaciones personales.*

Necesitamos tratar cuidadosamente este punto. No estamos sugiriendo que el predicador "predique a sí mismo". Debería haber una buena disposición de la mente, que el predicador hará bien en desarrollar. Me refiero a la sensibilidad del alma que le hace cauto y vigilante de todo lo que sucede alrededor suyo. (Los escritos de J.H. Jowett y Henry Drummond han ayudado mucho en esto.) Cuando digo "cauto y vigilante", quiero decir que sea capaz de mirar tanto al mundo inanimado como al viviente, creados por Dios, tal como él los vería. ¿Qué es lo que usted ve cuando camina por un espacioso campo cubierto de pasto? ¿Está atento a las lecciones que Dios le pudiera enseñar? ¿Existe para usted una lección cuando ve sectores de tierra dura y sin hierba? ¿Sólo ve un tipo más de ave en el petirrojo que se para altaneramente frente a usted con su oído acercado al suelo? ¿Qué le dice aquel añoso árbol, plantado allí antes de que usted naciera, y que sin duda quedará allí después de que usted haya partido de este mundo? Esas nubes de polvo que van en dirección de los campos, movidas por las potentes aletas del viento, ¿significan para usted algo más que tierra arremolinada? Responder a estas preguntas trae consigo respuestas que a lo mejor no había visualizado antes. Cuando digo *observaciones personales*, me estoy refiriendo a las preguntas y respuestas que pueda tener en la mente durante estas experiencias y que le hagan meditar.

Supóngase que Jesús compartiera la habitación con usted y se levantara al mismo tiempo que usted para salir a sus labores cotidianas de la mañana. Él se sienta con usted a la mesa a desayunar, anduvo con usted todo el día, ¿cómo cree que reaccionaría él a todas las cosas que usted enfrenta cada día? Si él pidiera que usted escribiera las observaciones de él, ¿qué escribiría? ¿Vería él más significancia en los quehaceres diarios de usted que usted mismo?

¿Cómo respondería la santa y sensible alma de él a lo que nosotros frecuentemente vemos, escuchamos y sentimos? En realidad, él vive no solamente *con* nosotros, sino que vive en nosotros. Esto es lo que nos hace estar conscientes de su presencia y nos da la capacidad para 'ver' sermones en los libros y en las piedras, y en cada una de las tareas comunes que a diario hacemos. Esto, conocido como "mente homilética", es una planta muy delicada que crece bien en climas benignos de devoción privada; esto significa orar, estudiar y memorizar las Escrituras.

Contar nuestras experiencias queda sin valor, a menos que ilustran decididamente el punto que estamos presentando. Muchas veces tenemos una experiencia que tiene que ver solamente de manera vaga con la verdad que estamos enseñando. No la cuente si no enfoca claramente el punto. Cuando use una experiencia personal, por favor no lo haga para sobresalir. Es la verdad que tiene que brillar, no el predicador. En los casos que puede contar su experiencia sin revelar su identidad, hágalo. Sobre todo, quiero decir que Cristo debe lucir en primer lugar, y en último, y siempre.

Hay un vasto campo para ser explorado en el uso de eventos diarios como medios de ilustración, pero mi consejo sobre esto último sería sugerencias de segunda mano; por eso no hemos desarrollado esta área. Dawson C. Bryan tiene una sección sobre este punto en su libro *The Art of Illustrating Sermons*, páginas 100- 102.

Tarea treinta y siete

Le presentamos ahora una enseñanza a la cual deberá buscarle una ilustración:

Dios está dispuesto a salvar al hombre.

Supongamos que usted ilustrará en base a la exhortación.

a. Busque dos ilustraciones de las Escrituras. Escríbalas, apréndalas y preséntelas en la clase.

b. Obtenga una ilustración literaria, sea biográfica o de otro tipo. Prepare un bosquejo o un apunte de ella y preséntelo.

c. Prepare una ilustración en base a una experiencia u observación personal para "estimularnos al amor y a las buenas obras".

Bibliografía sugerida

Bryan, Dawson C. *The Art of Illustrating Sermons*. Páginas 15-50.

Gilmartin, John G. *Increase your Vocabulary*. Páginas 1-10.

Monroe, Alan H. *Principles and Types of Speech*. Páginas 358-368.

Ramey, A.R. *Art and Principles of Writing*. Páginas 43-72.

Bibliografía en español

A.M. Mergal, *Arte cristiano de la predicación*. Casa Unida de Publicaciones, México.

A.W. Blackwood, *La preparación de sermones bíblicos*. Casa Bautista de Publicaciones, El Paso, Texas.

C.H. Spurgeon, *Discurso a mis estudiantes*. Casa Bautista de Publicaciones, El Paso, Texas, 1950.

Thomas H. Hugues, *La psicología de la predicación y de la obra pastoral*. Editorial "La Aurora", Buenos Aires, 1953.

Apolinar Zambrano, *Manual de homilética*. Casa Unida de Publicaciones, México.

Alfredo Ernesto Carvie, *Historia de la predicación*. Editorial "La Aurora", Buenos Aires, 1959.

Leslie J. Tizard, *La predicación: arte de la comunicación*. Editorial "La Aurora", Buenos Aires, 1962.

N. D. Lafuerza, *El arte de hablar en público*. Editorial Hobby, Buenos Aires, 1961.

Johnson-Arellano, *El ministerio ideal*. Publicaciones "El Faro", México, 1962.

Héctor Pereyra S., *Hacia la elocuencia*. Editorial Verdad, Buenos Aires, 1963.

James H. McBurney y Ernest J. Wrage, *El arte de bien hablar*. Ediciones Garriga, S.A., Barcelona, 1963.

Juan A. Broadus, *Tratado sobre la predicación*. Casa Bautista de Publicaciones, El Paso, Texas, 1965.

Tomas Hawkins, *Homilética Práctica*. Casa Bautista de Publicaciones, Buenos Aires, 1968.

Herbert V. Prochnow, *Tratado de oratorio*. Compañía Editorial Continental, España, 1969.

Orlando E. Costas, *Comunicación por medio de la predicación*. Editorial Caribe, San José, Costa Rica, 1973.

Justo Anderson, *Manual de homilética para laicos*. Junta Bautista de Publicaciones, Buenos Aires, 1973.

Samuel Vila, *Manual de homilética*. CLIE, Turrasa, España, 1974.

John R. Scott, *El cuadro bíblico del predicador*. CLIE, Tarrasa, España, 1975.

Alice E. Luce, *El mensajero y su mensaje*. Editorial Vida, Miami, 1976.

www.ingramcontent.com/pod-product-compliance
Lightning Source LLC
LaVergne TN
LVHW090957080826
845145LV00003B/1040

* 9 7 8 1 9 3 0 9 9 2 6 2 7 *